Ermel

Guide d'utilisation

MATHS CP

Cycle des apprentissages fondamentaux

Anne-Marie Chapon
Institutrice - Maître formateur
Françoise Paletou
Institutrice - Maître formateur

HATIER

Sommaire

Pages

Coordination éditoriale : Myriam Linguanotto
Maquette : Sylvain Lemonnier
Conception graphique : Graphismes

© HATIER - Paris 1996 - ISBN : 2-218-71329-2

Présentation

Dès la publication des premiers ouvrages de la nouvelle collection *ERMEL, Apprentissages numériques et résolution de problèmes*, de nombreux maîtres ont à la fois exprimé tout l'intérêt des situations proposées et mesuré l'important investissement qu'exige leur mise en place dans la classe.
Les activités décrites, surtout quand on s'adresse à de jeunes élèves, nécessitent le recours à des supports variés : matériel de numération, tableaux de nombres, jeux numériques que le maître doit fabriquer, sans compter les fiches d'exercices qu'il est souvent amené à photocopier.
Ces contraintes matérielles suffisent pour qu'un certain nombre de maîtres réduisent à quelques activités isolées les situations proposées ou renoncent à une approche basée sur la résolution de problèmes, approche à laquelle ils adhèrent théoriquement mais qui les effraient par la lourdeur du travail matériel qu'elle entraîne pour eux.
Comment prendre en compte ces difficultés souvent évoquées sans renoncer à une démarche qui ne peut s'inscrire dans un manuel classique ? L'équipe ERMEL s'est longuement interrogée à ce sujet, partagée entre le désir de faciliter l'accès à ses travaux au plus grand nombre et celui de ne pas dénaturer ce qui fait la richesse de ses propositions. C'est d'abord pour le CE1 et le CE2 qu'elle a tenté de répondre aux demandes qui lui étaient faites. Elle a donc sollicité, pour chaque niveau, deux maîtres formateurs ayant participé à l'élaboration et à l'expérimentation de l'ouvrage de référence, pour concevoir, à partir de leur expérience dans leur propre classe, des documents complémentaires susceptibles de faciliter le travail de leurs collègues.
Ces nouveaux outils sont au nombre de trois :
– un *Cahier de l'élève ;*
– un *Guide d'utilisation* pour le maître ;
– les *Numéricartes,* matériel collectif nécessaire aux différentes activités présentées dans l'ouvrage de référence.
La façon très prometteuse dont ces compléments ont déjà été accueillis a permis d'envisager la publication de documents analogues pour le CP.
Conçus à partir d'*ERMEL CP*, ces trois nouveaux outils y font une référence constante, ce qui génère entre eux des relations mettant en évidence la prépondérance de l'ouvrage de référence.

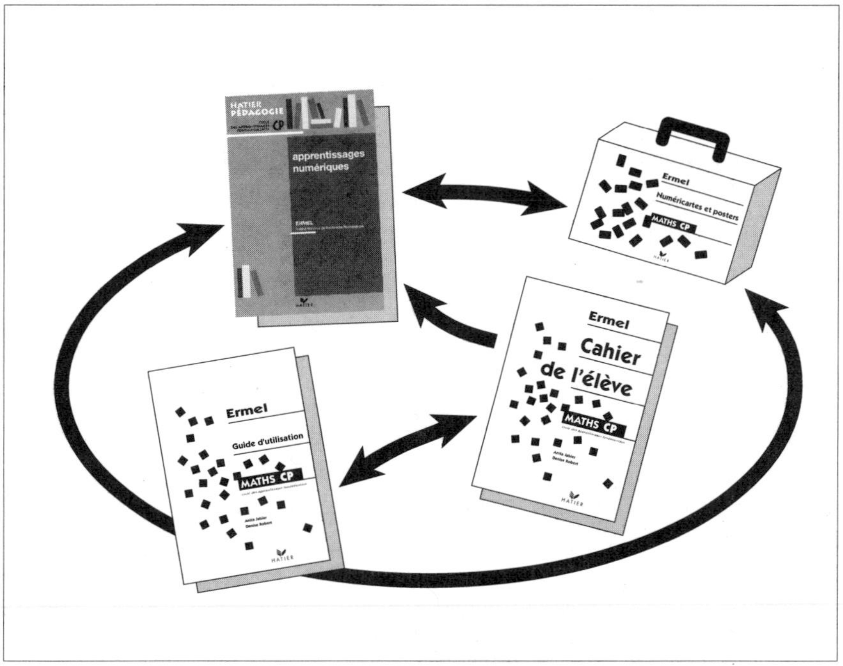

LE CAHIER DE L'ÉLÈVE

Le *Cahier de l'élève* est un outil de travail permettant à chaque élève de garder la trace écrite de certaines activités proposées dans *ERMEL CP.* Ce n'est donc ni un manuel, ni un cahier d'exercices.
Il contient les différents supports qui accompagnent les situations d'action proposées aux élèves :
— des feuilles de jeu permettant à l'élève de garder la trace du déroulement du jeu et aux maîtres et aux parents d'analyser *a posteriori* les procédures et les stratégies utilisées par chaque élève en cours de partie. Les règles de ces jeux sont succintement présentées, davantage pour les parents que pour les enfants pour lesquels l'apprentissage de la lecture est encore en cours d'acquisition ;
— des énoncés des problèmes liés ou non à des situations vécues en classe. Ces énoncés seront toujours lus par le maître. Les nombres en jeu dans ces problèmes étant bien souvent une variable didactique de la situation, ils ne figurent pas toujours dans le cahier, le maître les déterminant, avant la séance, pour chaque élève ;
— des exercices d'entraînement nécessitant un support écrit (c'est dire que bien d'autres exercices se déroulent oralement et ne se retrouvent pas tous dans le cahier) ;
— des exercices d'évaluation qui peuvent être utilisés par les maîtres intégralement ou modifiés en fonction de chaque classe, l'évaluation des connaissances ne pouvant toujours se faire d'une façon prédéterminée.
À l'intérieur du *Cahier de l'élève* se trouvent des planches de matériel individuel qui seront nécessaires à différents moments de la progression : la bande numérique individuelle, les cartes pour la réussite, les gommettes autocollantes, les cartes des maisons à construire, les jetons pour le jeu du banquier et le compteur individuel à quatre roues.
Le maître relèvera ces planches en début d'année et les distribuera au moment opportun.

LES NUMÉRICARTES

Ce matériel collectif est constitué de jeux de cartes et de posters nécessaires à certaines activités ou destinés à en faciliter l'appropriation.

LE GUIDE D'UTILISATION

Ce présent guide, destiné exclusivement aux maîtres, est conçu pour faciliter l'utilisation conjointe de l'ouvrage de référence *ERMEL CP,* du *Cahier de l'élève* et des *Numéricartes :*
— il reprend l'**organisation thématique** de l'ouvrage de référence subdivisé pour le CP en quatre thèmes : « Les nombres pour mémoriser », « Problèmes », « Les nombres pour anticiper et pour calculer », « Connaître les nombres » ;
— il structure les activités portant sur ces quatre thèmes à l'intérieur de cinq périodes, elles-mêmes divisées en trois quinzaines chacune. Chaque quinzaine s'ouvre sur **un planning** présentant les différentes activités, la page où se situe leur description dans l'ouvrage de référence, la page du *Cahier de l'élève,* ainsi que le matériel nécessaire, que celui-ci soit contenu dans les *Numéricartes,* que le maître soit invité à le récupérer dans le matériel habituel de la classe, ou qu'il soit à construire.

Chaque planning met en relief les situations phares (notées ▲ et soulignées) de la quinzaine — découverte d'une notion ou d'une procédure — et regroupe les différentes activités d'accompagnement — approche, entraînement, prolongements… — dans une partie grisée.
Ce *Guide d'utilisation* contient également des **informations complémentaires** destinées à faciliter les mises en œuvre :

— répartition en séances ;
— indication approximative de durées des activités (car elles dépendent évidemment de nombreux facteurs liés à chaque classe, voire à chaque enfant) ;
— liens entre certaines activités et leur articulation impérative ;
— mode d'organisation des groupes de travail ;
— éléments essentiels des mises en commun ;
— quelques propositions de différenciation ;

ainsi que des fiches photocopiables complétant le travail proposé dans le *Cahier de l'élève*, où elles pourront être collées (entre deux pages) ; ces fiches devront parfois être agrandies.

Quelques remarques

L'expérimentation de ces nouveaux outils nous amène à préciser quelques points :
— la bande numérique individuelle proposée en fiche cartonnée dans le *Cahier de l'élève* est un outil personnel. Ses usages et sa mise en route sont décrits avec précision dans *ERMEL CP* page 269 ;
— après avoir été introduite collectivement, la calculette est considérée comme un outil de calcul à la disposition constante des élèves et sous leur responsabilité (comme leur crayon ou leur gomme…) ; cependant, dans certaines activités spécifiques de calcul, la calculette ne doit pas être utilisée et le maître l'indique alors aux élèves ;
— durant les trois premières périodes, quelques activités ludiques ont été insérées dans le *Cahier de l'élève* ; elles sont destinées aux élèves rapides qui ont terminé leur travail avant les autres ;
— les corrections collectives ne nous semblent guère appropriées à des élèves du CP ; la plupart du temps, l'activité se termine par une mise en commun des résultats ou des procédures ou une synthèse destinée à mettre en évidence les connaissances acquises. Le maître est parfois amené à revenir sur le travail effectué soit avec un élève particulier soit avec un petit groupe de manière à partir du travail de chacun pour le faire évoluer.

Les auteurs

Comment utiliser le Cahier de l'élève à partir du Guide d'utilisation

GUIDE D'UTILISATION

(C) **Période 1 - Quinzaine 1**

(A) *Les nombres pour mémoriser*

(B) **Le robot**

(D) *Ermel pages 57 à 60*

(G) ***Nombre de séances : 2***

Matériel :
– un grand robot en couleur pour modèle, *Numéricartes;*
– un grand robot en noir et blanc par groupe de 4 enfants, *Numéricartes;*
– 4 grandes boîtes contenant une grande quantité de cubes verts, rouges, jaunes et bleus (une couleur par boîte).

(I) ☞ Nous remplaçons les gommettes par des cubes (ou autre matériel de couleur) plus pratiques et permettant de réaliser plusieurs parties. De ce fait, le maître a la possibilité de placer à l'avance quelques cubes sur les cases des robots, de manière à faire varier le champ numérique.

Déroulement

(E)
- **1re séance** (50 min) – 1re phase, *Ermel pages 58 et 59.*
- **2e séance** (35 min) – 2e phase, *Ermel pages 59 et 60.*

(F) Quelques jours plus tard, proposer en évaluation l'exercice 1, *Cahier de l'élève page 8.* (H) Le maître colorie certaines cases blanches du robot en fonction des compétences numériques de chaque enfant. L'élève a la bande numérique à sa disposition pour s'aider à l'écriture des nombres.

En fin de quinzaine, proposer en évaluation l'exercice 2, *Cahier de l'élève page 9.* La bande numérique est à la disposition de l'élève pour lui permettre de lire les nombres indiqués.

Chaque exercice ne donne pas lieu à une correction collective; le maître demandera à chaque enfant qui s'est trompé d'expliquer sa procédure.

CAHIER DE L'ÉLÈVE

(A) *Les nombres pour mémoriser*

(B) **Le robot**

■ *Utiliser le dénombrement.*

(D) Ermel p. 57 à p. 60
18 Guide d'utilisation p. 000

(E) **date :** . . . .

(F) **1** Combien faut-il de cubes pour que les cases blanches de ton robot soient toutes cachées ?
Respecte les couleurs !

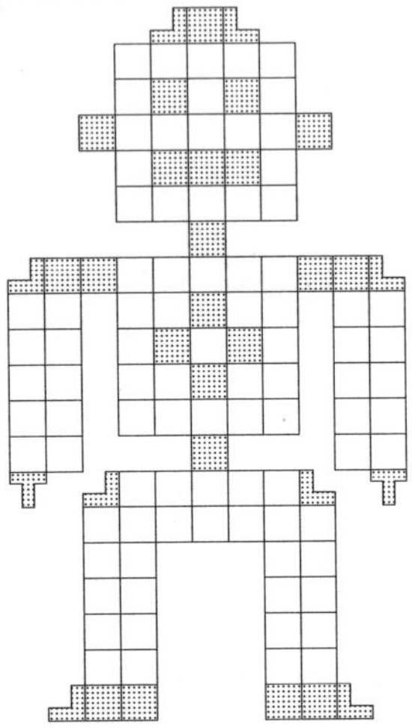

Cubes verts : . . . .

Cubes bleus : . . . .

Cubes jaunes : . . . .

Cubes rouges : . . . .

(C) Période 1 **8** Quinzaine 1

(A) Thème correspondant à l'activité.

(B) Titre de l'activité.

(C) Repère temporel.

(D) Renvois systématiques à *Ermel CP* pour le déroulement de l'activité.

(E) Indication de séance.

(F) Exercice(s) d'entraînement ou d'évaluation.

(G) Informations pratiques pour la mise en œuvre.

(H) Proposition de différencaition.

(I) La « petite main » attire l'attention sur des points particuliers.

Fiches photocopiables*

Période	Quinzaine	Fiches		Ermel
1	1	**1**	Observations individuelles	p. 49
2	1	**2**	Les footballeurs	p. 65
		3	Les déplacements sur la piste	p. 137
		4	Les pistes coloriées	p. 137
	2	**5**	Construction de la bande numérique	p. 278
	3	**6**	L'habit du clown	p. 139
		7	Les marelles	p. 150
3	1	**8**	Une nuit au château	p. 281
		9	Casse-tête au château	p. 284
	2	**10**	Les tours	p. 88
	3	**11**	La monnaie : les pièces de 1 F, 2 F et 5 F	p. 156
		12 et 13	Le jeu de la marchande	p. 159
4	1	**14 à 17**	Le bon compte (cartes à usages multiples)	p. 216
		18	Le banquier 5 contre 1	p. 308
	2	**19 à 21**	Les triangles colorés	p. 92
	3	**22**	La monnaie : les pièces et les billets	p. 156
5	1	**23**	Les problèmes dessinés	p. 164
		24	Le banquier 10 contre 1	p. 315
		25	Les abaques	p. 232
	2	**26 à 30**	Les carrelages	p. 325
	3	**31**	La spirale des nombres	p. 332

**Les fiches sont placées à la fin de l'ouvrage.*

PÉRIODE 1 - QUINZAINE 1

P L A N N I N G

THÈME	MODULE	ACTIVITÉS	MATÉRIEL	ERMEL	GUIDE	CAHIER ÉLÈVE
	Repérage des compétences		Cartes *(Numéricartes)* Fiche photocopiable 1	p. 49	p. 10	
LES NOMBRES POUR MÉMORISER	**Module 1 :** Les nombres pour constituer une collection équipotente	▲ **Le robot**	Posters (valisette) Boîtes et cubes	p. 57	p. 10	p. 8
LES NOMBRES POUR ANTICIPER ET POUR CALCULER	**Module 1 :** Anticiper, c'est possible!	**Greli-grelo**	Sac contenant des cailloux	p. 135	p. 10	
	Module 3 : Vers le calcul	**Améliorer les procédures liées au comptage**		p. 204	p. 11	
CONNAÎTRE LES NOMBRES	**Module 1 :** Approche globale	Mémoriser la suite orale des nombres :				
		Le maître qui se trompe		p. 267	p. 11	
		La suite muette		p. 267	p. 11	
		De 1 à 23		p. 266	p. 11	
		Qui va le plus loin?		p. 266	p. 11	
		Reconnaître l'écriture chiffrée des nombres :				
		La bande numérique	Bande numérique (valisette) Planche 1	p. 269	p. 11	
		La réussite	Planche 2 Plateau de jeu	p. 274	p. 11	p. 10
		La corde à linge	Cartes *(Numéricartes)* Corde et pinces à linge	p. 273	p. 12	
		L'appel	Bande numérique (valisette)	p. 272	p. 12	

Avertissement

1. Activités écrites
Les consignes seront lues par le maître avant la réalisation de chaque exercice.

2. Activités rituelles
Prévoir chaque jour une activité sur la suite orale des nombres (en fonction des compétences des élèves) et une activité sur la reconnaissance de l'écriture chiffrée des nombres de 1 à 10.

3. La bande numérique
Pour l'introduction de la bande numérique que l'élève utilisera toute l'année, voir *Ermel pages 269* à *271*.

Repérage des compétences

Ermel pages 49 à 52

Matériel :
– des cartes portant les nombres de 0 à 20 (Nombres de 0 à 99, *Numéricartes*) ;
– la fiche photocopiable 1, *Guide d'utilisation page 65.*

Déroulement

• **Passations individuelles**
– La comptine numérique, *Ermel page* 50.
– La maîtrise du dénombrement, *Ermel page 51.*
– La lecture de nombres, *Ermel page 52.*
Le maître remplit la fiche photocopiable à l'aide des informations recueillies lors du travail avec chaque élève. Pendant ce temps, les autres élèves sont occupés à des tâches autonomes.
Cette première prise d'informations s'étale sur environ une semaine, pas nécessairement sur le temps imparti aux mathématiques.

• **Autres informations**
Pour les points suivants :
– le recours spontané au dénombrement ;
– la constitution d'une collection de cardinal donné ;
– le successeur d'un nombre ;
– le surcomptage ;
les informations seront prises au cours de l'activité « Le robot ».

Les nombres pour mémoriser

Le robot

Ermel pages 57 à 60

Nombre de séances : 2

Matériel :
– un grand robot en couleur pour modèle, (valisette) ;
– un grand robot en noir et blanc par groupe de 4 enfants, (valisette) ;
– 4 grandes boîtes contenant une grande quantité de cubes verts, rouges, jaunes et bleus (une couleur par boîte).

☞ Nous remplaçons les gommettes par des cubes (ou autre matériel de couleur) plus pratiques et permettant de réaliser plusieurs parties. De ce fait, le maître a la possibilité de placer à l'avance quelques cubes sur les cases des robots, de manière à faire varier le champ numérique.

Déroulement

• **1re séance** (50 min) – 1re phase, *Ermel pages 58 et 59.*

• **2e séance** (35 min) – 2e phase, *Ermel pages 59 et 60.*

Quelques jours plus tard, proposer en évaluation l'exercice 1, *Cahier de l'élève page 8.* Le maître colorie certaines cases blanches du robot en fonction des compétences numériques de chaque enfant. L'élève a la bande numérique à sa disposition pour s'aider à l'écriture des nombres.

En fin de quinzaine, proposer en évaluation l'exercice 2, *Cahier de l'élève page 9.* La bande numérique est à la disposition de l'élève pour lui permettre de lire les nombres indiqués.

Chaque exercice ne donne pas lieu à une correction collective ; le maître demandera à chaque enfant qui s'est trompé d'expliquer sa procédure.

Les nombres pour anticiper/calculer

Greli-grelo

Ermel page 135

Nombre de séances : **1** (20 min) pour l'appropriation de la règle du jeu puis reprise en rituel environ 5 minutes par jour pendant la quinzaine 1.

Matériel : un sac contenant des cailloux ou autre matériel.

Déroulement

• **Séance d'appropriation** – *Ermel page 135.*
Durant cette quinzaine, proposer des nombres tels que les sommes ne dépassent pas 10. Le maître utilise les deux variantes proposées dans *Ermel.*

Les nombres pour anticiper/calculer

Améliorer les procédures liées au comptage

Ermel pages 204 et 205

Nombre de séances : 1 (20 min) pour l'appropriation de la règle du jeu puis reprise en rituel environ 5 minutes par jour pendant les périodes 1 et 2.

Déroulement

• **Séance d'appropriation** – *Ermel page* 204. Entraînement oral sur la suite des nombres de 1 à 10 : le maître demande aux élèves de donner le suivant d'un nombre sans réciter la suite.

Connaître les nombres

Mémoriser la suite orale des nombres

Ermel pages 266 et 267

Nombre de séances : tous les jours (15 min) pendant les périodes 1, 2 et 3.

Déroulement

Dès le premier jour de classe, faire réciter la comptine orale en faisant participer chaque enfant.
Ce moment permettra au maître de repérer les enfants en difficulté au niveau de l'aspect algorithmique de la suite des nombres et de la connaissance plus ou moins étendue de la comptine.
Pour dépasser la simple récitation de la suite des nombres, à la longue monotone, on peut proposer des activités rituelles comme :
– Le maître qui se trompe, *Ermel page* 267.
– La suite muette, *Ermel page* 267.
– De 1 à 23, *Ermel page* 266.
– Qui va le plus loin?, *Ermel page* 266.

Connaître les nombres

La bande numérique (Reconnaître l'écriture chiffrée des nombres)

Ermel pages 269 à 271

Nombre de séances : 1
Matériel : la bande numérique collective (valisette), et une bande par élève, planche 1, *Cahier de l'élève.*

Déroulement

Voir *Ermel pages 269 à 271.*

Connaître les nombres

La réussite (Reconnaître l'écriture chiffrée des nombres)

Ermel pages 274 et 275

Nombre de séances : 1 puis reprise en rituel pendant la période 1.
Matériel :
– par élève, un jeu de cartes des nombres de 1 à 10, planche 2 du *Cahier de l'élève;*
– autre, voir *Ermel page* 274.

Déroulement

• **Séance d'appropriation** (40 min) – *Ermel page* 274.
Cette séance comporte la présentation collective du jeu suivie de jeux individuels; le maître circule pour vérifier la bonne compréhension de la règle.
Les enfants joueront ensuite seuls, à divers moments de la journée.

En fin de quinzaine, proposer les exercices d'évaluation 1 à 4, *Cahier de l'élève pages 10 et 11.*
Les exercices ne sont pas corrigés collectivement; le maître reprendra le jeu avec les élèves en difficulté.

Connaître les nombres

La corde à linge (Reconnaître l'écriture chiffrée des nombres)

Ermel page 273

Nombre de séances : 1 pour l'appropriation de la règle (20 min) puis reprise en rituel environ 5 minutes par jour pendant les périodes 1 et 2.

Matériel :
– des étiquettes-nombres (cartes des nombres de 0 à 99), *Numéricartes;*
– autre, voir *Ermel page* 273.

Déroulement

• **Séance d'appropriation** – *Ermel page* 273.
Activité rituelle : proposer des nombres de 1 à 10.

Connaître les nombres

L'appel (Reconnaître l'écriture chiffrée des nombres)

Ermel page 272

Nombre de séances : environ 5 minutes par jour pendant la période 1.

Matériel : la bande numérique collective (valisette).

Déroulement

Voir *Ermel page* 272.

PÉRIODE 1 - QUINZAINE 2

P L A N N I N G

THÈME	MODULE	ACTIVITÉS	MATÉRIEL	ERMEL	GUIDE	CAHIER ÉLÈVE
LES NOMBRES POUR MÉMORISER	**Module 2 :** Les nombres pour comparer	▲ **Les boîtes empilées**	Boîtes avec cubes Dés	p. 67	p. 14	p. 12
		▲**Les boîtes alignées**	Boîtes avec cubes Dés	p. 70	p. 14	p. 13
LES NOMBRES POUR ANTICIPER ET POUR CALCULER	**Module 1 :** Anticiper, c'est possible!	**La boîte noire**	Boîte opaque Jetons ou cubes	p. 134	p. 14	
		Les dés	Dés usuels	p. 134	p. 14	
	Module 3 : Vers le calcul	**Améliorer les procédures liées au comptage**		p. 204	p. 15	
CONNAÎTRE LES NOMBRES	**Module 1 :** Approche globale	Mémoriser la suite orale des nombres :				
		Le maître qui se trompe		p. 267	p. 15	
		La suite muette		p. 267	p. 15	
		De 1 à 23		p. 266	p. 15	
		Qui va le plus loin?		p. 266	p. 15	
		La fusée		p. 267	p. 15	
		Mon merle a perdu une plume		p. 267	p. 15	
		Reconnaître l'écriture chiffrée des nombres :				
		La bande numérique	Bande numérique (valisette) Planche 1	p. 269	p. 15	p. 15
		La réussite	Planche 2 Plateau de jeu	p. 274	p. 15	
		La corde à linge	Cartes *(Numéricartes)* Corde et pinces à linge	p. 273	p. 15	p. 16
		L'appel	Bande numérique (valisette)	p. 272	p. 15	

Avertissement

1. Activités écrites
Les consignes seront lues par le maître avant la réalisation de chaque exercice.

2. Activités rituelles
Prévoir chaque jour une activité sur la suite orale des nombres (en fonction des compétences des élèves) et une activité sur la reconnaissance de l'écriture chiffrée des nombres de 1 à 10.

Les nombres pour mémoriser

Les boîtes empilées

Ermel pages 67 à 70

Nombre de séances : 3

Matériel : voir *Ermel page 68.*

Déroulement

• **1re séance** (20 min) – Jeu collectif.
Appropriation de la règle du jeu, *Ermel page 68.*

• **2e séance** (20 à 30 min) – Jeu en équipe.
Voir *Ermel page 69.*

• **3e séance** (15 min) – Évaluation.
Exercices 1 à 5, *Cahier de l'élève page 12.*
Pas de correction collective. Reprise individuelle avec les enfants en difficulté.

Les nombres pour mémoriser

Les boîtes alignées

Ermel pages 70 à 72

Nombre de séances : 4

Matériel : le même que pour « Les boîtes empilées », voir *Ermel page 68.*

Déroulement

• **1re séance** (20 min) – Jeu collectif.
Appropriation de la règle du jeu, *Ermel pages 70 et 71.*

• **2e séance** (40 min) – Jeu en équipe de 2.
Sur une feuille blanche qui sera ensuite agrafée dans le *Cahier de l'élève*, chaque enfant doit noter (écriture du nombre, dessins, etc.) la valeur du dé et celle de la collection d'objets qu'il a gagnée à chaque fois. La durée de ce jeu est variable mais ne doit pas excéder 30 minutes. Une mise en commun suit le jeu : elle porte sur la gestion de la feuille de jeu et aboutit à la présentation de la feuille standardisée, *Cahier de l'élève page 13.*

• **3e séance** (30 min) – Différenciation.
Les enfants en difficulté rejouent avec le maître pendant que les autres jouent en autonomie. Tous disposent de la feuille de jeu standard, *Cahier de l'élève page 13.*
La consigne est la suivante : « Vous allez jouer à 2. Le premier joueur lance le dé. S'il peut prendre une boîte, il entoure la boîte correspondante sur la feuille, et il dessine sous la flèche le dé qui lui a fait gagner cette boîte. Le deuxième joueur barre sur sa feuille la boîte gagnée par le premier joueur, et joue à son tour. À la fin de la partie, chacun compte ses cubes et entoure "gagné" ou "perdu" ».
Chaque équipe peut faire 3 parties suivant sa rapidité.

• **4e séance** (15 min) – Évaluation.
Exercices 1 à 4, *Cahier de l'élève page 14.*

Les nombres pour anticiper/calculer

La boîte noire

Ermel page 134

Nombre de séances : 1 (20 min) pour l'appropriation du jeu, puis reprise de l'activité en rituel environ 5 minutes par jour pendant la quinzaine 2.

Matériel : voir *Ermel page 134.*

Déroulement

• **Séance d'appropriation** – *Ermel page 134.*
Étape 1.

☞ Les étapes 2 et 3 sont prévues en quinzaine 3.

Les nombres pour anticiper/calculer

Les dés

Ermel pages 135 et 136

Nombre de séances : 1 (20 min) pour l'appropriation du jeu, puis reprise de l'activité en rituel environ 5 minutes par jour pendant la quinzaine 2.

Matériel : 2 dés usuels (collections de 1 à 6) par équipe de 2.

Déroulement

Voir *Ermel page 136.* L'activité se déroule oralement.

Les nombres pour anticiper/calculer

Améliorer les procédures liées au comptage

Ermel pages 204 et 205

Nombre de séances : tous les jours (5 min) pendant les périodes 1 et 2.

Déroulement

Entraînement oral sur la suite des nombres de 1 à 10 : le maître demande aux élèves de donner le précédent et le suivant d'un nombre sans réciter depuis le début. Par exemple, il dit 6, un élève doit répondre 5 ; il dit 8, l'élève répond 9.

Connaître les nombres

Mémoriser la suite orale des nombres

Ermel pages 266 et 267

Nombre de séances : tous les jours (5 min), pendant les périodes 1, 2 et 3.

Déroulement

Voir en période 1, quinzaine l, *Guide d'utilisation page 11*. Poursuivre l'entraînement sur la suite orale des nombres en fonction des compétences des enfants de la classe. Prévoir les activités suivantes :
– Le maître qui se trompe, *Ermel page 267.*
– La suite muette, *Ermel page 267.*
– De 1 à 23, *Ermel page 266.*
– Qui va le plus loin?, *Ermel page 266.*
Ajouter des jeux de décomptage :
– La fusée, *Ermel page 267.*
– Mon merle a perdu une plume, *Ermel page 267.*

Connaître les nombres

Reconnaître l'écriture chiffrée des nombres

Ermel pages 269 à 274

Nombre de séances : tous les jours (5 min), pendant les périodes 1, 2 et 3.

Déroulement

Voir en période 1, quinzaine 1, *Guide d'utilisation pages 11* et *12*. Poursuivre l'entraînement avec des nombres de l à 10.
Prévoir les activités suivantes :
– La bande numérique, *Ermel page 269.*
Proposer, au cours de cette quinzaine, l'exercice du *Cahier de l'élève page 15.* Correction individuelle.
– La réussite (activité rituelle), *Ermel page 274.*
– La corde à linge, *Ermel page 273.*
Proposer, au cours de cette quinzaine, les exercice 1 et 2 du *Cahier de l'élève page 16.* Correction individuelle.
Pour la dictée de nombres (exercice 3, *Cahier de l'élève page 17*), proposer les nombres de 1 à 10, en désordre.
– L'appel, *Ermel page 272.*

PÉRIODE 1 - QUINZAINE 3

P L A N N I N G

THÈME	MODULE	ACTIVITÉS	MATÉRIEL	ERMEL	GUIDE	CAHIER ÉLÈVE
LES NOMBRES POUR MÉMORISER	**Module 1 :** Les nombres pour constituer une collection équipotente	**▲ La mosaïque**	Posters (valisette) Jetons ou cubes Gommettes (planche 3) enveloppes	p. 61	p. 17	p. 18
		Les camions	Gommettes (planche 3) Enveloppes	p. 64	p. 17	p. 19
		Les Martiens	Plateau Cubes	p. 65	p. 17	p. 20
		Les tandems	Plateau Cubes	p. 65	p. 18	p. 21
PROBLÈMES	**Module 1 :** Prendre et traiter des informations	**L'anniversaire d'Anne (Lecture d'image)**	Poster (valisette)	p. 83	p. 18	p. 22
LES NOMBRES POUR ANTICIPER ET POUR CALCULER	**Module 1 :** Anticiper, c'est possible!	**La boîte noire**	Boîte opaque Jetons ou cubes	p. 134	p. 18	
	Module 3 : Vers le calcul	**Améliorer les procédures liées au comptage**		p. 204	p. 18	
CONNAÎTRE LES NOMBRES	**Module 1 :** Approche globale	Mémoriser la suite orale des nombres :				
		Le maître qui se trompe		p. 267	p. 19	
		La suite muette		p. 267	p. 19	
		De 1 à 23		p. 266	p. 19	
		Qui va le plus loin?		p. 266	p. 19	
		La fusée		p. 267	p. 19	
		Mon merle à perdu une plume		p. 267	p. 19	
		Reconnaître l'écriture chiffrée des nombres :				
		La bande numérique	Bande numérique (valisette) Planche 1	p. 269	p. 19	
		La réussite	Planche 2 Plateau de jeu	p. 274	p. 19	
		La corde à linge	Cartes *(Numéricartes)* Corde et pinces à linge	p. 273	p. 19	
		L'appel	Bande numérique (valisette)	p. 272	p. 19	

Avertissement

Activités écrites
Prévoir chaque jour une activité sur la suite orale des nombres (en fonction des compétences des élèves) et une activité sur la reconnaissance de l'écriture chiffrée des nombres de 1 à 15.

Les nombres pour mémoriser

La mosaïque

Ermel pages 61 à 64

Nombre de séances : 3

Matériel :
– pour les 1re et 2e séances, une petite mosaïque par équipe de 4 élèves (valisette), et des jetons ou des cubes de 4 couleurs;
– pour la 3e séance, la grande mosaïque (valisette), la planche de gommettes autocollantes du *Cahier de l'élève* et des enveloppes.

☞ Les petites mosaïques sont toutes différentes de manière à ce que les acheteurs ne commandent pas le même nombre de cubes de la même couleur.

Déroulement

Rappel : le maître aura ramassé les planches de gommettes autocollantes en début d'année.

• **1re séance** (35 min) – 1re phase, *Ermel page 63.*
Suivant le nombre d'enfants dans la classe, le maître désigne un marchand par couleur ou un marchand pour deux couleurs. Les marchands sont des élèves qui dénombrent bien. Le maître propose plusieurs parties en échangeant les supports.

• **2e séance** (20 min) – 1re phase (suite), *Ermel page 63.*
Nouveaux jeux en changeant les vendeurs et mise en commun.

• **3e séance** (30 min) – 2e phase, *Ermel page 63.*
Le maître présente à la classe la grande mosaïque géométrique. Chaque enfant va pouvoir réaliser une mosaïque aussi belle que celle de la classe en commandant les gommettes qui lui manquent pour compléter la mosaïque du *Cahier de l'élève page 18.*
(Seule la forme intervient dans la commande. Les mosaïques varieront dans la couleur).
Le maître peut donner les enveloppes de gommettes après la récréation ou le lendemain. Les enfants valideront leur commande en collant les gommettes.
Cette 3e séance est une évaluation.

Les nombres pour mémoriser

Les camions

Ermel pages 64 et 65

Nombre de séances : 1

Matériel :
– des gommettes de la planche du *Cahier de l'élève;*
– des enveloppes.

Déroulement

☞ Cette activité est une évaluation individuelle située dans un autre contexte que celle des mosaïques. Elle est différente car elle propose à l'enfant des nombres plus grands et elle l'oblige à continuer le comptage sur un deuxième camion. La réponse attendue par le maître est le nombre total de gommettes pouvant couvrir les cases blanches des camions.

• **Séance** (30 min) – *Ermel page 64.*
Le maître colorie certaines cases blanches des camions (*Cahier de l'élève page 19*) en fonction des compétences numériques de chaque enfant. Les gommettes données aux enfants pourraient être rondes pour différencier les cases déjà coloriées par le maître de celles remplies par les enfants.
Pas de correction collective mais reprise individuelle avec les élèves en difficulté.

Les nombres pour mémoriser

Les Martiens

Ermel page 65

Nombre de séance : 1

Matériel : voir *Ermel page 65.*
Le nombre de cubes sera différent d'un groupe à l'autre.

Déroulement

• **Séance** (45 min) – *Ermel page 65.*
Les élèves sont répartis par 4; les groupes sont homogènes. L'énoncé (voir *Cahier de l'élève page 20*) est lu collectivement. Les enfants écrivent sur leur cahier le nombre de Martiens correspondant au nombre de cubes attribué à

leur groupe. Ce nombre est choisi en fonction de leurs compétences.
La trace écrite fait apparaître la procédure de résolution utilisée par chaque élève.
Une mise en commun et une validation avec le matériel peuvent être envisagées à l'intérieur de chaque groupe.

Les nombres pour mémoriser

Les tandems

Ermel page 65 (2.2.4. A)

***Nombre de séances :* 1**

Matériel : le même que pour la situation « Les Martiens ».

• **Séance** (35 min) – *Ermel page 65.*
Les élèves sont répartis par 4 ; les groupes sont homogènes. L'énoncé (voir *Cahier de l'élève page 21*) est lu collectivement. Les élèves écrivent sur leur cahier le nombre d'enfants correspondant au nombre de cubes attribué à leur groupe. Proposer un nombre pair entre 8 et 20, différent d'un groupe à l'autre.
Une mise en commun et une validation avec le matériel peuvent être envisagées à l'intérieur de chaque groupe.

Problèmes

L'anniversaire d'Anne (Lecture d'image)

Ermel pages 83 à 86

***Nombre de séances :* 2**

Matériel : le poster de l'anniversaire d'Anne (valisette).

Déroulement

• **1re séance** (45 min) – 1re phase, *Ermel page 84.*
Les enfants sont regroupés autour du poster. Ils cherchent des questions auxquelles on peut répondre en regardant l'image. Le maître écrit les questions proposées sur une grande feuille ou au tableau.

• **2e séance** (45 min) – 2e phase, *Ermel page 84.*
Le support de l'activité est à la fois le poster collectif et l'image du *Cahier de l'élève.*
Après le classement collectif des questions, les élèves répondent aux questions, *Cahier de l'élève page 22.*

☞ La 3e phase d'*Ermel* n'est proposée qu'en période 2.

Les nombres pour anticiper/calculer

La boîte noire

Ermel pages 134 et 135

Nombre de séances : tous les jours (10 min) pendant la quinzaine 3.

Matériel : voir *Ermel page 134.*

Déroulement

Étapes 2 et 3, voir *Ermel page 134.*

Les nombres pour anticiper/calculer

Améliorer les procédures liées au comptage

Ermel pages 204 et 205

Nombre de séances : tous les jours (5 min) pendant les périodes 1 et 2.

Déroulement

Entraînement oral sur la suite des nombres de 1 à 15 : donner le suivant et le précédent d'un nombre sans réciter la suite.

Connaître les nombres

Mémoriser la suite orale des nombres

Ermel pages 266 et 267

Nombre de séances : tous les jours (5 min) pendant les périodes 1, 2 et 3.

Déroulement

Poursuivre les activités d'entraînement proposées au cours des quinzaines 1 et 2, *Guide d'utilisation pages 11* et *15*.

Connaître les nombres

Reconnaître l'écriture chiffrée des nombres

Ermel pages 269 à 274

Nombre de séances : tous les jours (5 min) pendant les périodes 1, 2 et 3.

Déroulement

Poursuivre les activités d'entraînement proposées au cours des quinzaines 1 et 2, *Guide d'utilisation pages 11, 12* et 15.

PÉRIODE 2 - QUINZAINE 1

P L A N N I N G

THÈME	MODULE	ACTIVITÉS	MATÉRIEL	ERMEL	GUIDE	CAHIER ÉLÈVE
LES NOMBRES POUR MÉMORISER	**Module 1 :** Les nombres pour constituer une collection équipotente	**Les footballeurs**	Fiche photocopiable 2	p. 65	p. 21	p. 24
LES NOMBRES POUR ANTICIPER ET POUR CALCULER	**Module 1 :** Anticiper, c'est possible!	**Les dés**	Dés à points	p. 135	p. 21	p. 26
		Les déplacements sur la piste	Poster (valisette) Fiche photocopiable 3 Dés et pions	p. 137	p. 21	
		▲ **<u>Les pistes coloriées</u>**	Dés Fiche photocopiable 4	p. 137	p. 22	p. 28
	Module 3 : Vers le calcul	**Améliorer les procédures liées au comptage**		p. 204	p. 22	
CONNAÎTRE LES NOMBRES	**Module 1 :** Approche globale	**Mémoriser la suite orale des nombres**		p. 266	p. 22	
		Reconnaître l'écriture chiffrée des nombres :				
		L'escalier		p. 268	p. 23	p. 32
		La bande numérique	Bande numérique (valisette) Planche 1	p. 269	p. 23	p. 32
		La corde à linge	Cartes *(Numéricartes)* Corde et pinces à linge	p. 273	p. 23	p. 33

Avertissement

Prévoir chaque jour une activité rituelle sur la suite orale des nombres (en fonction des compétences des élèves) et une activité sur la reconnaissance chiffrée des nombres de 1 à 20.

Les nombres pour mémoriser

Les footballeurs

Ermel pages 65 et 66

Nombre de séances : 2

Matériel : pour la 2e séance, la fiche photocopiable 2, *Guide d'utilisation page 66*. Faire les photocopies sur des feuilles de couleurs.

Déroulement

☞ Cette situation est une évaluation dans laquelle on propose aux enfants :
– la constitution d'une collection équipotente comme dans « Les mosaïques » ou « Les camions » ;
– la constitution d'une collection double comme dans « Les Martiens » ;
– la constitution d'une collection moitié comme dans « Les tandems ».

• **1re séance** (20 min) – *Ermel page 65.*
À partir de la feuille du *Cahier de l'élève page 25*, il est possible de proposer 6 ou 8 footballeurs. Pour n'avoir que 6 footballeurs, le maître pourra barrer ou colorier d'avance 2 footballeurs. Suivant la place des footballeurs supprimés, la tâche sera plus ou moins facile. Les feuilles de 8 sont les plus simples.
La consigne est la suivante : « Commandez le maillot et les chaussettes nécessaires pour chaque joueur. Commandez aussi tous les ballons nécessaires pour avoir un ballon pour 2 joueurs. Sur certaines feuilles, des joueurs ont été supprimés (barrés ou coloriés). Ne faites aucune commande pour eux ». Les élèves remplissent le bon de commande, *Cahier de l'élève page 24.*

• **2e séance** (30 min) – *Ermel page 65.*
Chaque enfant reçoit ce qu'il a commandé. Il découpe les bandes de maillots, de chaussettes et de ballons qu'il a reçues. Puis il valide sa commande en collant. Juste ou faux?
Une mise en commun permet à chacun d'exprimer ce qu'il avait commandé et si cette commande est exacte ou non. La discussion permettra d'aider ceux qui n'ont pas réussi à comprendre leur erreur et à modifier oralement leur commande.

Les nombres pour anticiper/calculer

Les dés

Ermel pages 135 et 136

Nombre de séances : 2

Matériel : 2 dés à points.

Déroulement

• **1re séance** (35 min) – *Ermel page 136.*
Dans chaque équipe, le joueur n°1 est celui de gauche et le joueur n°2 celui de droite. Chacun lance à son tour les 2 dés simultanément. Les 2 joueurs écrivent sur la 1re feuille de jeu (*Cahier de l'élève page 26*), comme ils le souhaitent, les points des dés gagnés par le 1er joueur et le total de ces points. Puis, lorsque le joueur n°2 a lancé ses dés, les 2 enfants écrivent sur leurs feuilles les points du 2e joueur. Enfin, ils comparent les gains de chacun et entourent sur leurs feuilles le jeu du gagnant de cette partie. Et l'on rejoue.
Une mise en commun permettra d'écrire au tableau ou sur une grande feuille les différentes écritures utilisées par les enfants.

• **2e séance** (35 min).
On utilise la 2e feuille de jeu, *Cahier de l'élève page 27.*
Même jeu mais en variant le lancer de dés : on n'utilise qu'un seul dé lancé 2 fois.

Les nombres pour anticiper/calculer

Les déplacements sur la piste (Activité 1)

Ermel page 137

Nombre de séances : 2

Matériel :
– pour la 1re séance, le poster de la piste collective (valisette) et un dé ;
– pour la 2e séance, une piste par enfant, fiche photocopiable 3, *Guide d'utilisation page 67;* un dé pour 4 élèves et un pion par élève.

Déroulement

• **1re séance** (20 min) – *Ermel page 137.*

• **2e séance** (35 min) – *Ermel page 137.*

Les élèves sont groupés par 4. La règle du jeu est la même que pour la première séance. Sur la fiche photocopiable, dans les cases du haut de la page, chaque enfant écrit les points des dés avant de faire avancer son pion. Il écrit ensuite dans la case d'arrivée du pion le nombre correspondant à la case (et non pas le nombre de points du dé!).

☞ Voir le dernier paragraphe de cette activité concernant le déplacement du pion, *Ermel page 137.*

Les nombres pour anticiper/calculer

Les pistes coloriées (Activité 2)

Ermel pages 137 et 138

Nombre de séances : 5

Matériel : pour les 3 premières séances, la fiche photocopiable 4, *Guide d'utilisation page 68*, et un dé pour 2 élèves.

Déroulement

☞ Cette activité prépare à l'utilisation de la piste numérique de la situation « Le nombre-cible » (période 2, quinzaine 2).

• **1re séance** (30 min) – Jeu à 2, *Ermel page 138.*
Présentation du jeu : « aujourd'hui, on n'écrit plus les points du dé. Il s'agit de colorier autant de cases que de points sur les dés. Le gagnant sera celui qui arrivera juste sur la dernière case de la bande. Sur la feuille de jeu (fiche photocopiable), chaque bande correspond à une partie ».

• **2e séance** (20 min) – Jeu à 2 (suite), *Ermel page 138.*
On continue le jeu, de manière à ce que tous les enfants puissent faire les 5 parties.
Suivant la rapidité des enfants d'une classe, le maître fera 1 ou 2 séances.

• **3e séance** (40 min) – En collectif, *Ermel page 138.*
Cette séance se déroule obligatoirement un autre jour.
– Décodage des feuilles individuelles des séances précédentes.
« Comment avez-vous fait pour avancer? »
Chaque enfant est invité à dessiner les dés, matérialisant les écarts, entre chaque « morceau » colorié de ses bandes de jeux.
– Problèmes oraux, *Ermel page 138.*
Vérification de la compréhension des codages et des décodages réalisés par des petits problèmes oraux.

• **4e séance** (30 min) – Évaluation.
Exercices 1 à 5, *Cahier de l'élève pages 28* et *29.*
Correction collective au tableau.

• **5e séance** (20 min) – Différenciation.
Exercices 6 à 9, *Cahier de l'élève pages 29* et *30.*
Les enfants en difficulté cherchent avec le maître, et les autres travaillent en autonomie.
Tous les enfants travaillent sur la même page.
L'exercice 9 est une dictée des nombres (en désordre) de 1 à 20.

Les nombres pour anticiper/calculer

Améliorer les procédures liées au comptage

Ermel pages 204 et 205

Nombre de séances : tous les jours (5 min) pendant la période 2.

Déroulement

Entraînement oral sur la suite des nombres de 1 à 20. Donner le précédent et le suivant d'un nombre sans réciter la suite.

Connaître les nombres

Mémoriser la suite orale des nombres

Ermel pages 266 et 267

Nombre de séances : tous les jours (5 min) pendant les périodes 2 et 3.

Poursuivre les activités d'entraînement proposées au cours de la période 1, quinzaines 1 et 2, *Guide d'utilisation pages 11* et *15.*

nombres

Reconnaître l'écriture chiffrée des nombres

Ermel pages 268 à 274

Nombre de séances : tous les jours (5 min) pendant les périodes 2 et 3.

Déroulement

Poursuivre les activités d'entraînement proposées au cours de la période 1, quinzaines 1 et 2, *Guide d'utilisation pages 11, 12* et *15*.
À la fin de la quinzaine, proposer les exercices 1 à 4, *Cahier de l'élève pages 32* et *33*.

PÉRIODE 2 - QUINZAINE 2

PLANNING

THÈME	MODULE	ACTIVITÉS	MATÉRIEL	ERMEL	GUIDE	CAHIER ÉLÈVE
PROBLÈMES	**Module 1 :** Prendre et traiter des informations	**Le jardin public (Lecture d'image)**		p. 86	p. 25	p. 34
LES NOMBRES POUR ANTICIPER ET POUR CALCULER	**Module 1 :** Anticiper, c'est possible!	**▲ Le nombre-cible**	Cartes *(Numéricartes)*	p. 143	p. 25	p. 35
	Module 3 : Vers le calcul	**Améliorer les procédures liées au comptage**		p. 204	p. 25	p. 38
CONNAÎTRE LES NOMBRES	**Module 1 :** Approche globale	**Mémoriser la suite orale des nombres**		p. 266	p. 26	
		Reconnaître l'écriture chiffrée des nombres		p. 269	p. 26	
		Le loto	Cartes *(Numéricartes)*	p. 274	p. 26	
	Module 2 : Approche algorithmique de la suite écrite des nombres	**Les bandes à compléter**	Fiche photocopiable 5	p. 278	p. 26	p. 39

Problèmes

Le jardin public (Lecture d'image)

Ermel pages 86 et 87

Nombre de séances : 1

Déroulement

☞ Cette activité fait suite à « L'anniversaire d'Anne » (période 1, quinzaine 3). C'est la 3e phase de la lecture d'images.

• **Séance** (45 min) – *Ermel page 86.*
– Décodage de l'image.
Les élèves vont devoir chercher oralement des questions auxquelles on peut répondre en regardant l'image *(Cahier de l'élève page 34).*
Le maître profitera de cette activité orale et collective pour faire décoder cette image, formuler des hypothèses concernant les personnages, les enfants présents ou non, les bateaux loués, etc.
Sans le savoir, les enfants auront déjà trouvé, oralement, les réponses aux questions écrites qui leur seront posées ensuite.
– Demander aux élèves de répondre aux questions en bas de la page du *Cahier de l'élève page 34.*
– Correction collective : nouvelle discussion.

Les nombres pour anticiper/calculer

Le nombre-cible

Ermel pages 143 à 148

Nombre de séances : 5

Matériel :
– pour la 1re séance, le jeu collectif du « nombre-cible » *Numéricartes;*
– pour les autres séances, les jeux individuels du « nombre-cible », *Numéricartes.*

☞ Les cartes portant au dos les constellations, on peut se dispenser d'utiliser des jetons. Les enfants valideront directement sur les cartes.

Déroulement

☞ Les 4 premières séances correspondent à la partie de l'activité intitulée : « Jeu sans joker ».

• **1re séance** (40 min) – 1re phase, *Ermel page 144.*

• **2e séance** (20 min) – 2e phase, *Ermel page 145.*
Le maître distribue un jeu de cartes pour 4 enfants. Les groupes sont hétérogènes afin que ceux qui ont compris puissent entraîner les autres.

• **3e séance** (30 min) – 2e phase (suite), *Ermel pages 145* et *146.*
La classe est organisée en ateliers. Les groupes sont homogènes et disposent d'un jeu de cartes et d'une cible donnés par le maître. Le maître s'occupe des enfants repérés en difficulté, lors de la 2e séance.
Dans chaque groupe, l'un des enfants est le banquier : c'est lui qui a les cartes. Chaque joueur, à son tour, lui demande une carte. Chaque enfant joue contre les autres joueurs du groupe et remplit sa feuille de jeu (*Cahier de l'élève page 35*).
Plusieurs parties sont réalisées en changeant de banquier. À la fin de chacune d'elles, les joueurs s'expriment pour dire : s'ils ont gagné, avec quelles cartes, et s'ils ont perdu, ce qui les a fait perdre.

• **4e séance** (20 min) – 3e phase et « parties simulées », *Ermel pages 147* et *149.*
En fin de séance, proposer en évaluation les exercices 1 à 4, *Cahier de l'élève page 36.*

• **5e séance** (40 min) – Jeu avec joker, *Ermel pages 147* et *148.*
Proposer les exercices 5 et 6, *Cahier de l'élève page 36.*

Les nombres pour anticiper/calculer

Améliorer les procédures liées au comptage

Ermel pages 204 et 205

Nombre de séances : tous les jours (5 min) pendant la période 2.

Déroulement

Entraînement oral sur la suite des nombres de 1 à 20. Voir période 2, quinzaine 1, *Guide d'utilisation page 22.*
Au cours de la quinzaine, proposer les exercices 1 à 4, *Cahier de l'élève page 38.*

Connaître les nombres

Mémoriser la suite orale des nombres

Ermel pages 266 et 267

Nombre de séances : tous les jours (5 min) pendant les périodes 2 et 3.

Déroulement

1. Poursuivre les activités proposées en période 1, *Guide d'utilisation pages 11* et *15*.

2. Compter de 5 en 5, en préparation de l'activité « L'habit du clown » (quinzaine 3).
Jeux de doigts : en s'aidant des doigts d'une main, puis de 2 mains, et de 3 mains, etc., compter jusqu'à 30. Exemple : « Je veux 17 doigts. Combien y a-t-il de mains? Y a-t-il des doigts en plus? ».
Valider en comptant les doigts.

Connaître les nombres

Reconnaître l'écriture chiffrée des nombres

Ermel pages 269 à 274

Nombre de séances : tous les jours (5 min) pendant les périodes 2 et 3.

Déroulement

Travailler sur les nombres de 1 à 20.

Connaître les nombres

Le loto

Ermel page 274

Nombre de séances : 1 (20 min) pour l'appropriation de la règle puis reprise en rituel environ 5 minutes par jour pendant la quinzaine 2.

Matériel : le jeu du loto, *Numéricartes.*

Déroulement

La règle est la suivante : Le maître tire un nombre et le lit. Les enfants qui possèdent ce nombre posent un pion sur leur carte de jeu. Le gagnant est celui qui a complété sa carte de jeu le premier.
Pour ce jeu, le maître utilise le recto du carton de tirage (écriture cardinale du nombre).

Connaître les nombres

Les bandes à compléter (Construction de la bande numérique)

Ermel page 278 (A uniquement)

Nombre de séances : 2

Matériel : la fiche photocopiable 5, *Guide d'utilisation page 69.*

Déroulement

• **1re séance** (45 min) – *Ermel page 278.*
La bande construite par chaque enfant à partir de la fiche photocopiable doit être conservée pour être utilisée en quinzaine 3.

• **2e séance** (15 min).
Le lendemain, proposer l'exercice du *Cahier de l'élève page 39.*

PÉRIODE 2 - QUINZAINE 3

P L A N N I N G

THÈME	MODULE	ACTIVITÉS	MATÉRIEL	ERMEL	GUIDE	CAHIER ÉLÈVE
LES NOMBRES POUR ANTICIPER ET POUR CALCULER	**Module 1 :** Anticiper, c'est possible!	**L'habit du clown (Les fleurs)**	Fiche photocopiable 6 Gommettes (planche 3)	p. 139	p. 28	p. 40
		▲ Les marelles	Marelle et palet Fiche photocopiable 7 Répertoire additif	p. 150	p. 28	p. 41
	Module 2 : Écritures additives et soustractives	**▲ Introduction de la calculette* (officialisation du signe +)**		p. 168	p. 29	
	Module 3 : Vers le calcul	**Qui a gagné? (Utilisation du répertoire collectif)**	Affiche	p. 205	p. 29	p. 44
CONNAÎTRE LES NOMBRES	**Module 1 :** Approche globale	**Mémoriser la suite orale des nombres**		p. 266	p. 29	
		Reconnaître l'écriture chiffrée des nombres		p. 269	p. 29	
	Module 2 : Approche algorithmique de la suite écrite des nombres	**De la bande numérique au château**	Bandes numériques	p. 279	p. 29	p. 45
		▲ Le château	Poster (valisette) Papiers repositionnables	p. 281	p. 30	p. 46

Avertissement

*L'introduction de la calculette doit être faite avant l'activité « les marelles ».

Les nombres pour anticiper/calculer

L'habit du clown (Les fleurs)

Ermel pages 139 à 143

☞ Nous avons remplacé la confection des fleurs par l'habit du clown; en effet, le dénombrement des pétales autour du cœur de la fleur prévue entraîne de nombreuses erreurs.

Nombre de séances : 1

Matériel :

– la fiche photocopiable 6, *Guide d'utilisation page 70*, agrandie pour la classe et photocopiée pour les élèves;
– des bandes de 5 gommettes (planche 3 du *Cahier de l'élève*).

Déroulement

☞ Il faut que dans les jours précédents, les élèves aient travaillé la comptine de 5 en 5 (ne pas la travailler ce jour-là) : voir *Guide d'utilisation page 26* («Mémoriser la suite orale des nombre »).

• **Séance** (55 min) – *Ermel pages 139 à 143.*
– 1re phase : présentation du clown du maître.
– 2e phase : résolution individuelle du problème.
Avant le début de l'activité (*Cahier de l'élève page 40)*, le maître aura attribué un nombre de gommettes différent à chaque élève, en fonction de ses compétences. Après avoir écrit leur commande, les enfants vont voir le maître qui leur donne ce qu'ils ont commandé, ainsi que la photocopie du clown. Avant de décorer le clown avec les gommettes, le maître leur demande de coller les gommettes en trop dans leur cahier.

Les nombres pour anticiper/calculer

Les marelles

Ermel pages 150 à 153

Nombre de séances : 4

Matériel :

– pour les 1re et 3e séances, une grande marelle (*Ermel page 151*) et un palet pour le jeu collectif;
– pour la 2e séance, la fiche photocopiable 7, *Guide d'utilisation page 71 ;*
– la calculette est disponible comme d'habitude sans que le maître n'attire l'attention des élèves sur elle.

Déroulement

☞ Le maître aura déjà introduit la calculette dans sa classe avant de commencer cette activité.

• **1re séance** (40 min) – 1re phase, *Ermel page 150.*
Jeu collectif. La classe est répartie en équipes de 4 (ou 5) joueurs. Tous les enfants lancent à leur tour le palet sur la grande marelle. Chacun note sur sa feuille de jeu, *Cahier de l'élève page 41*, le score de tous. À la fin du jeu, la question est posée : « Quelle équipe a gagné? ». Les réponses sont orales et doivent être justifiées.

• **2e séance** (40 min) – Calcul des scores.
En début de séance, le maître distribue la feuille de jeu (fiche photocopiable) sur laquelle il aura repris les scores de la séance précédente. De cette manière, tous les élèves travaillent bien sur les mêmes nombres.
C'est à partir de cette fiche que les élèves recherchent librement (15 min) qui a gagné et qu'ils calculent les scores dans la 1re colonne du tableau de l'exercice 1, *Cahier de l'élève page 42.*
Dans un second temps, la mise en commun fait apparaître les diverses procédures (comparaison des scores sans calcul, dessin, calcul avec le signe + apparent ou non et résultat partiel ou recours spontané à la calculette).
À partir de cette séance, le maître commencera à construire le répertoire collectif (voir « Qui a gagné? », *Guide d'utilisation page 29*).
Le lendemain, travailler sur l'officialisation du signe + (*Ermel pages 172 et 173*). Avec la calculette, les élèves valideront les scores et produiront des écritures additives dans la 2e colonne du tableau de l'exercice 1, *Cahier de l'élève page 42.*

• **3e séance** (40 min) – 2e phase, *Ermel page 152.*
Prévoir une feuille blanche pour écrire les résultats. Cette feuille sera ensuite agrafée dans le *Cahier de l'élève.*

• **4e séance** (30 min) – Évaluation.
Proposer les exercices 2 à 4, *Cahier de l'élève page 43.*
Le répertoire additif est à disposition.
La correction collective est immédiate.

Les nombres pour anticiper/calculer

Officialisation du signe +

Ermel pages 168 à 171

Nombre de séances : 2

Matériel : 1 calculette par élève, voir *Ermel page 169.*

Déroulement

- **1re séance** (40 min) – Avant « Les marelles », première introduction de la calculette, *Ermel page 169* (A et B uniquement).
- **2e séance** (40 min) – Après la 2e séance des « Marelles », institutionnalisation du signe +, *Ermel pages 172* et *173*. Contrairement à ce qui est indiqué dans *Ermel,* nous proposons de ne pas rejouer au nombre-cible. Nous profitons de la 2e séance du jeu des marelles mais le déroulement reste le même.

☞ À partir de cette séance, la calculette est disponible à tout instant, sauf avis contraire du maître. Son libre usage fait partie du contrat de la classe.

Les nombres pour anticiper/calculer

Qui a gagné ? (Utilisation du répertoire collectif)

Ermel page 206

Nombre de séances : 1 puis reprise en rituel.

Matériel : une grande affiche.

Déroulement

– Élaboration du répertoire additif à partir de l'activité « Les marelles » : au cours de la situation du nombre-cible, nous avons rencontré certains résultats additifs qui sont restés oraux. Lors du jeu des marelles, ces résultats sont écrits sur des étiquettes réunies sur une grande feuille visible de tous. Le répertoire n'est pas organisé ; les résultats y sont consignés au fur et à mesure.
– Utilisation du répertoire collectif, en rituel 10 minutes par jour, *Ermel page 206.*
Au cours de la quinzaine, proposer l'exercice du *Cahier de l'élève page 44.*

Connaître les nombres

Mémoriser la suite orale des nombres

Ermel pages 266 et 267

Nombre de séances : tous les jours (5 min) pendant les périodes 2 et 3.

Déroulement

Poursuivre les activités proposées en période 1, *Guide d'utilisation pages 11* et *15.*

Connaître les nombres

Reconnaître l'écriture chiffrée des nombres

Ermel pages 269 et 274

Nombre de séances : tous les jours (5 min) pendant les périodes 2 et 3.

Déroulement

Poursuivre les activités d'entraînement proposées en période 1, quinzaine 1 et 2, *Guide d'utilisation pages 11, 12* et *15.*

Connaître les nombres

De la bande numérique au château

Ermel page 279

Nombre de séances : 1 ou 2 suivant la rapidité des enfants.

Matériel : la bande numérique construite en quinzaine 2.

Déroulement

- **Séance** (30 à 50 min) – *Ermel page 279* (B et C).
On reprend la bande numérique construite par les enfants en quinzaine 2. Le maître demande de colorier de la même couleur toutes les cases qui commencent par le même

chiffre, pour les nombres à 2 chiffres. On ne colorie pas les cases des nombres à 1 chiffre.
Exemple :
– toutes les cases des nombres à 2 chiffres qui commencent par 1 sont coloriées en bleu ;
– toutes les cases des nombres à 2 chiffres qui commencent par 2 sont coloriées en rouge ;
– etc.
Il faudra veiller à ce que le coloriage laisse les nombres visibles.
Puis, pour le découpage et le collage, voir *Ermel page 279.*
Le collage se fera dans le *Cahier de l'élève page 45.*

Connaître les nombres

Le château

Ermel pages 281 à 283

Nombre de séances : 2

Matériel :
– le tableau des nombres de 0 à 99 (valisette) ;
– des papiers repositionnables recouvrant entièrement les nombres.

Déroulement

• **1re séance** (50 min) – 1re phase, *Ermel page 281.*
Jeu collectif avec le tableau des nombres de 0 à 99.

• **2e séance** (25 à 30 min).
Exercices 1 à 7, *Cahier de l'élève page 46.* Coloriage du tableau en respectant les consignes données dans le *Cahier de l'élève.*

☞ Les 2e et 3e phases de l'activité sont proposées en période 3.

PÉRIODE 3 - QUINZAINE 1

P L A N N I N G

THÈME	MODULE	ACTIVITÉS	MATÉRIEL	ERMEL	GUIDE	CAHIER ÉLÈVE
LES NOMBRES POUR ANTICIPER ET POUR CALCULER	**Module 1 :** Anticiper, c'est possible!	**▲ Le mini-yam**	Dés et surface avec rebord Bande numérique	p. 153	p. 32	p. 48
		Les sacs de billes		p. 155	p. 32	p. 50
	Module 2 : Écritures additives et soustractives	**Utilisation de la calculette**		p. 171	p. 32	
		Patchwork (1) : la fleur		p. 177	p. 32	p. 51
	Module 3 : Vers le calcul	**Les cartes retournées**	Jeux de 52 cartes	p. 207	p. 33	
CONNAÎTRE LES NOMBRES	**Module 1 :** Approche globale	**Mémoriser la suite orale des nombres**		p. 266	p. 33	
		Reconnaître l'écriture chiffrée des nombres		p. 269	p. 33	
	Module 2 : Approche algorithmique de la suite écrite des nombres	**Une nuit au château**	Posters (valisette) Cartes *(Numéricartes)* Feuilles repositionnables Fiche photocopiable 8	p. 281	p. 33	p. 52
		Les tableaux à compléter		p. 283	p. 34	p. 53
		Casse-tête au château (puzzles)	Fiche photocopiable 9 Poster (valisette)	p. 284	p. 34	p. 55

Avertissement

L'activité « Mini-yam » est à proposer après la séance d'utilisation de la calculette de cette même quinzaine.

Les nombres pour anticiper/calculer

Le mini-yam

Ermel pages 153 à 155

Nombres de séances : 3

Matériel :
– 5 dés pour chaque groupe;
– la bande numérique et la calculette;
– autre, voir *Ermel page 153*.

Déroulement

☞ Cette activité se situe après la séance d'utilisation de la calculette de cette même quinzaine. Celle-ci reste disponible comme d'habitude.

• **1re séance** (50 min) – Appropriation, *Ermel page 154*.
Les élèves sont répartis par groupes de 2 ou 4. Dans cette première partie collective, ils calculent les scores avec la règle n°1 (voir *Ermel page 155*) et marquent les gains de leur équipe dans la 1re grille de jeu, *Cahier de l'élève page 48*. Chaque dé gagné est codé dans la grille par une croix : par exemple, un joueur a gagné 3 dés de 4; il fera 3 croix dans la ligne du dé 4. Une deuxième partie collective est envisagée. Elle permet de calculer les scores avec la règle n°2 (voir *Ermel page 155*). Les élèves notent les gains de leur équipe dans la 2e grille de jeu, *Cahier de l'élève page 48*.

• **2e séance** (50 min) – *Ermel page 155*.
Les élèves calculent les scores avec la règle n° 2 et utilisent la 2e feuille de jeu. Ils sont toujours répartis en équipes de 2 ou 4 mais, cette fois, chaque joueur marque ses points dans la 1re grille de jeu, *Cahier de l'élève page 49*.

• **3e séance** (50 min) – Jeux en ateliers.
Les élèves utilisent la 2e grille de jeu, *Cahier de l'élève page 49*.

Les nombres pour anticiper/calculer

Les sacs de billes

Ermel pages 155 et 156

Nombre de séances : 1

Déroulement

• **Séance** (30 à 35 min) – *Ermel page 155*.
Proposer les exercices 1 à 3, *Cahier de l'élève page 50*.
Mise en commun des différentes procédures.

Les nombres pour anticiper/calculer

Utilisation de la calculette

Ermel page 171

Nombre de séances : 1

Matériel : 1 calculette pour chaque élève.

Déroulement

• **Séance** (entre 15 et 30 min) – *Ermel page 171 (C)*.
« Exploitation des erreurs de frappe », à partir des erreurs rencontrées éventuellement dans « Les marelles » (période 2, quinzaine 3), *Guide d'utilisation page 28*.

Les nombres pour anticiper/calculer

Patchwork (1) : la fleur

Ermel pages 177 et 178

Nombre de séances : 1

Déroulement

☞ La calculette n'est pas disponible.

• **Séance** (40 min) – *Ermel page 177*.
Présentation de la règle et coloriage de la grille suivant cette règle, *Cahier de l'élève page 51*. Le maître fera bien comprendre que c'est le chiffre qui termine le nombre-résultat qui va indiquer la couleur utilisée et que les cases vides resteront blanches.

Les nombres pour anticiper/calculer

Les cartes retournées

Ermel pages 207 et 208

Nombre de séances : **2**

Matériel : voir *Ermel page 207.*

Déroulement

• **1re séance** (15 min) – Étapes 1 et 2, *Ermel page 207.*

• **2e séance** (15 min) – Étapes 3 et 4, *Ermel page 207.*

☞ Puis, reprise du jeu en activité rituelle.

Connaître les nombres

Mémoriser la suite orale des nombres

Ermel pages 266 et 267

Nombre de séances : tous les jours (5 min) pendant la quinzaine 1.

Déroulement

Poursuivre les activités d'entraînement proposées au cours de la période 1, quinzaines 1 et 2, *Guide d'utilisation pages 11* et *15.*

Connaître les nombres

Reconnaître l'écriture chiffrée des nombres

Ermel pages 269 à 274

Nombre de séances : tous les jours (5 min) pendant la quinzaine 1.

Déroulement

Poursuivre les activités d'entraînement proposées au cours de la période 1, quinzaines 1 et 2, *Guide d'utilisation pages 11, 12* et *15.*

Connaître les nombres

Une nuit au château
Jeu du château (variante)

Ermel pages 281 à 283

Nombre de séances : **2**

Matériel :
– pour la 1re séance, le tableau des nombres de 0 à 99 (valisette), et des feuilles repositionnables;
– pour la 2e séance, la fiche photocopiable 8, *Guide d'utilisation page 72;* le quadrillage vierge (valisette) et les cartes des nombres de 0 à 99, *Numéricartes.*

Déroulement

• **1re séance** (50 min) – Jeu collectif.
Les enfants sont réunis autour du poster (tableau des nombres de 0 à 99). La consigne est la suivante : « Nous décidons d'aller passer une nuit au château. Chacun de vous, à son tour, annoncera oralement le nombre écrit sur la porte de la chambre qu'il choisit. Vous justifierez la place de ce nombre dans le château ». Par exemple : « Je choisis la chambre 56, qui se trouve à l'étage des 50 et dans la colonne des 6 ». Le maître inscrit le prénom de l'enfant sur une petite feuille repositionnable qu'il colle sur la porte de la chambre réservée par l'enfant; il cache ainsi le nombre écrit. Si la justification de l'enfant est inexacte, il passe son tour, écoute les annonces des autres enfants et peut ensuite reformuler son choix. À la fin de la séance, tous les élèves ont une chambre réservée.

• **2e séance** (25 à 30 min).
Le tableau des nombres est caché. Les élèves travaillent sur la fiche photocopiable. Le maître a reporté les réservations faites au cours de la 1re séance dans le quadrillage de la feuille : un prénom par case avec le numéro de la chambre choisie par chacun. Les élèves doivent placer dans les cases du tableau, presque vides, uniquement les nombres choisis. Ils collent ensuite la grille et le tableau dans le *Cahier de l'élève page 52.*
Le maître organise une mise en commun avec le quadrillage (poster) et les cartes des nombres de 0 à 99. Chaque enfant vient placer un des nombres retenus (pas nécessairement le sien) sur la case correspondante du tableau.

Cette variante du jeu du château permet d'introduire la 2e phase de l'activité : les tableaux de nombres *(Ermel page 283)*.

Connaître les nombres

Les tableaux à compléter

Ermel page 283

Nombre de séances : les exercices sont à échelonner dans la période à la suite de l'activité.

Déroulement

• Les tableaux de nombres, *Ermel page 283*. Exercices d'entraînement 1 à 3, *Cahier de l'élève pages 53* et *54*. Les tableaux proposés correspondent aux figures 1, 2 et 3 d'*Ermel*.

Connaître les nombres

Casse-tête au château (Puzzles)

Ermel page 284

Nombre de séances : 2

Matériel :

– pour la 1re séance, la fiche photocopiable 9, *Guide d'utilisation page 73;*
– pour la 2e séance, le tableau des nombres de 0 à 99 (valisette).

Déroulement

• **1re séance** (50 min) – *Ermel page 284*. Les élèves sont invités à découper les morceaux du puzzle de la fiche photocopiable. Ils les collent de manière à reconstituer le tableau des nombres de l'exercice 1, *Cahier de l'élève page 55*.

• **2e séance** (20 min) – Le lendemain, proposer l'exercice 2, *Cahier de l'élève page 55*. Pour faire cet exercice, les élèves se réfèrent au puzzle reconstitué de l'exercice 1. Prévoir l'affichage du tableau des nombres de 0 à 99 pour aider l'élève qui se serait trompé dans son collage.

PÉRIODE 3 - QUINZAINE 2

P L A N N I N G

THÈME	MODULE	ACTIVITÉS	MATÉRIEL	ERMEL	GUIDE	CAHIER ÉLÈVE
PROBLÈMES	**Module 1 :** Prendre et traiter des informations	▲ **Les tours (construction)**	Cubes Fiche photocopiable 10	p. 88	p. 36	p. 56
LES NOMBRES POUR ANTICIPER ET POUR CALCULER	**Module 2 :** Écritures additives et soustractives	**Patchwork (2) : les rectangles**		p. 177	p. 36	p. 57
		Le labynombre (1)		p. 181	p. 36	p. 58
	Module 3 : Vers le calcul	**Les cartes recto verso**	Cartes *(Numéricartes)*	p. 208	p. 36	
		Qui dit vite?		p. 208	p. 36	
CONNAÎTRE LES NOMBRES	**Module 2 :** Approche algorithmique de la suite écrite des nombres	**Le rouleau des nombres**	Rouleaux de caisse enregistreuse	p. 279	p. 37	
		Les jeux de portrait (1)	Poster (valisette) Feuilles repositionnables	p. 286	p. 37	p. 59
	Module 3 : Échanges	▲ **Les maisons à construire**	Posters (valisette) Cartes *(Numéricartes)* Planche 4 Dés	p. 306	p. 37	p. 60

Problèmes

Les tours
(Construction de tours)

Ermel pages 88 et 89

Nombre de séances : 2

Matériel : pour la 1re séance, 4 cubes pour chaque enfant (1 rouge, 1 vert, 1 jaune et 1 bleu) et un stock de tours vierges découpées dans la fiche photocopiable 10, *Guide d'utilisation page 74* (prévoir une quarantaine de tours par groupe).

Déroulement

• **1re séance** (50 min).
– 1re phase, *Ermel page 88.* Recherche libre pendant 10 minutes.
– 2e phase, *Ermel page 89.* Recherche de l'exhaustivité.
– 3e phase, *Ermel page 89.* Travail collectif de mise en commun et contrôle.
À la fin de la séance, le maître colle toutes les tours retenues sur une affiche collective.

• **2e séance** (40 min) – 4e phase, *Ermel page 89.* Les élèves font l'exercice du *Cahier de l'élève page 56.*

☞ Le jeu de la tour est situé en période 4, quinzaine 1.

Les nombres pour anticiper/calculer

Patchwork (2) : les rectangles

Ermel pages 177 à 179

Nombre de séances : 1

Déroulement

☞ La calculette n'est pas disponible.

• **Séance** (40 min) – *Ermel page 177.* Présentation de la règle puis coloriage des cases de la grille, *Cahier de l'élève page 57.* Les cases vides restent blanches.

Les nombres pour anticiper/calculer

Le labynombre (1)

Ermel page 181

Nombre de séances : 1

Déroulement

☞ La calculette n'est pas disponible.

• **Séance** (30 min) – Montrer aux enfants la manière de se déplacer dans le labynombre sur un labynombre dessiné au tableau ou sur une partie du labynombre : on traverse par un côté, jamais par un sommet. Puis, faire tracer le chemin au crayon et/ou colorier « les cases qui font 10 », *Cahier de l'élève page 58.*

Les nombres pour anticiper/calculer

Les cartes recto verso

Ermel page 208

Nombre de séances : 1 (20 min) pour l'appropriation de la règle puis reprise de l'activité en rituel 1 ou 2 fois par quinzaine pendant la période 3.

Matériel : les cartes recto verso, jeux 1 et 2, *Numéricartes.*

Déroulement

Avant de commencer le jeu, expliquer aux élèves le sens de la flèche. Exemple : 3 —> 10 signifie « de 3 pour aller à 10 » ou « que faut-il ajouter à 3 pour arriver à 10? », ou, en référence à l'activité « Les pistes coloriées », « combien faut-il de pas pour aller de la case 3 à la case 10? ».
Puis, déroulement du jeu, *Ermel page 208.*

Les nombres pour anticiper/calculer

Qui dit vite ?

Ermel pages 208 et 209

Nombre de séances : tous les jours (5 min) pendant la période 3, en alternance avec d'autres activités.

Déroulement

Voir *Ermel page 209.*

Connaître les nombres

Le rouleau des nombres

Ermel pages 279 et 280

Nombre de séances : 1 (20 min) pour l'appropriation de l'activité puis reprise en travail individuel libre.

Matériel :
– un rouleau vierge de caisse enregistreuse par élève;
– la calculette est disponible.

Déroulement

Voir *Ermel pages 279* et *280.*

Connaître les nombres

Les jeux de portrait (1)

Ermel pages 286 à 288

Nombre de séances : 2

Matériel : pour la 1re séance, le tableau des nombres de 0 à 99 (valisette), et des feuilles repositionnables.

Déroulement

☞ Cette activité correspond à la 3e phase du jeu du château.

• **1re séance** (40 min) – Étape 1, *Ermel page 286.*
Un rapide jeu de portrait est présenté aux enfants. Le maître est le meneur de jeu. Il explique la règle : « Je vais choisir un objet dans ma tête. Vous allez essayer de trouver quel est cet objet en posant des questions. Je vous répondrai par oui ou par non ».
Puis, étape 1 d'*Ermel* : tous les enfants sont regroupés autour du tableau collectif des nombres de 0 à 99. Les gobelets sont remplacés par des feuilles repositionnables.

• **2e séance** (50 min) – Étape 2, *Ermel pages 286 à 288.*
Une partie collective au tableau permet de décider des codages à partir des suggestions des élèves. Deux autres parties seront jouées avec la feuille de jeu, *Cahier de l'élève page 59.*

Connaître les nombres

Les maisons à construire

Ermel pages 306 et 307

Nombre de séances : 3

Matériel :
– pour la 1re séance, la piste collective (valisette) et le jeu de cartes collectif des maisons à construire, *Numéricartes;* un dé;
– pour les 2e et 3e séances, les 8 pistes (valisette), les cartes individuelles (planche 4 du *Cahier de l'élève*) et un dé pour 4 enfants.

Déroulement

• **1re séance** (40 min) – 1re phase, *Ermel page 307.*
Appropriation de la règle avec le matériel collectif.

• **2e séance** (50 min) – 2e phase, *Ermel page 307.*
Jeux individuels avec le matériel individuel. Faire 2 parties en changeant les marchands afin que tous les élèves puissent remplir une feuille de jeu, *Cahier de l'élève pages 60* et *61.*
Avant de faire les échanges, les élèves écriront le nombre de cartes gagnées : le nombre de rez-de-chaussée, le nombre d'étages et le nombre de toits. Puis, ils feront les échanges avec les cartes auprès du marchand. Ils écriront ensuite le nombre de maisons construites et dessineront les cartes qui restent sur leurs tables.
La feuille de jeu permettra à l'enseignant de vérifier l'exactitude des échanges pour chaque élève.

• **3e séance** (30 min) – Évaluation.
Proposer les exercices 1 à 5, *Cahier de l'élève pages 62* et *63.* Le matériel reste à la disposition des enfants qui en auraient besoin.

PÉRIODE 3 - QUINZAINE 3

P L A N N I N G

THÈME	MODULE	ACTIVITÉS	MATÉRIEL	ERMEL	GUIDE	CAHIER ÉLÈVE
PROBLÈMES	**Module 2 :** Faire et contrôler des essais	**▲ Les partages inéquitables**	Objets, enveloppes Jetons ou allumettes	p. 101	p. 39	p. 64
LES NOMBRES POUR ANTICIPER ET POUR CALCULER	**Module 1 :** Anticiper, c'est possible!	**▲ La monnaie : les pièces de 1F, 2F et 5F**	Fiche photocopiable 11 Enveloppes	p. 156	p. 39	p. 68
		▲ Le jeu de la marchande	Fiches photocopiables 11, 12 et 13	p. 159	p. 40	p. 72
	Module 2 : Écritures additives et soustractives	**Patchwork (3) : la croix**		p. 177	p. 41	p. 75
		Le labynombre (2)		p. 181	p. 41	p. 76
	Module 3 : Vers le calcul	**Compter de 2 en 2**		p. 209	p. 41	
		Les compléments à 5, à 10		p. 209	p. 41	
		Le loto additif	Cartes *(Numéricartes)*	p. 210	p. 42	
CONNAÎTRE LES NOMBRES	**Module 2 :** Approche algorithmique de la suite écrite des nombres	**Le rouleau des nombres**		p. 279	p. 42	
		Les jeux de portrait (2)		p. 288	p. 42	p. 77
		Le géant du château		p. 285	p. 42	p. 79

Avertissement

Les activités sur la monnaie, initialement placées dans le chapître « Les nombres pour anticiper et pour calculer » portent également sur les échanges.
Cet aspect a été développé dans une autre publication de l'INRP : « Chacun, tous... différemment! Différenciation en mathématiques au cycle des apprentissages » *in Rencontres pédagogiques* n° 34, Paris 1995.

Problèmes

Les partages inéquitables

Ermel pages 101 à 105

Nombre de séances : 5

Matériel :

– pour la 1re séance, une boîte contenant n objets (12 < n < 32) par groupe de 4 enfants et des enveloppes (entre 3 et 8 par groupe);
– pour la 5e séance, des enveloppes et des jetons ou des allumettes.

Déroulement

• **1re séance** (40 min) – 1re phase, *Ermel pages 101* et *102.*
Résolution du problème avec le matériel.

• **2e séance** (40 min) – 2e phase, *Ermel pages 102* à *104.*
Résolution du problème sans le matériel : exercice 1, *Cahier de l'élève page 64.* Le maître attribue un nombre d'objets et d'enveloppes différent à chaque groupe (voir *Ermel pages 102*). Une mise en commun permet de présenter les différentes procédures à la classe.

• **3e séance** (40 min) – 3e phase, *Ermel page 104.*
Une semaine plus tard, la même situation est reprise en recherche individuelle : exercice 2, *Cahier de l'élève page 65.* Les nombres sont différents (voir *Ermel page 104*). Chaque élève devra produire une solution avec le moins de dessins possible.

• **4e séance** (40 min) – 4e phase, *Ermel page 104.*
Élaboration de messages. Les élèves travaillent sur une feuille blanche qui sera ensuite agrafée dans le *Cahier de l'élève.*

• **5e séance** (50 min) – 5e phase, *Ermel page 105.*
La classe est organisée en 2 groupes : le 1er travaille l'exercice 3, *Cahier de l'élève page 66,* en autonomie et sans matériel; le 2e – constitué des élèves repérés en difficulté lors de la 4e séance – travaille en différenciation avec le maître sur l'exercice 3 en utilisant le matériel pour valider.
Une mise en commun rapide permet de vérifier le travail autonome.
– Phase d'évaluation, *Ermel page 106.*
Proposer les exercices 4 et 5 (10 minutes de recherche), *Cahier de l'élève page 67.*

Les nombres pour anticiper/calculer

La monnaie : les pièces de 1 F, 2 F et 5 F

Ermel pages 156 à 158

☞ Devant les difficultés rencontrées par les élèves qui ont du mal à *maîtriser la distinction entre valeur et quantité,* nous proposons, dans cette quinzaine, des sommes d'argent composées seulement de pièces de 1 F, 2 F et 5 F. En période 4, quinzaine 3, nous introduirons les pièces de 10 F, les billets (ou pièces) de 20 F et les billets de 50 F et 100 F.

Nombre de séances : 3

Matériel :

– pour la 1re séance, la fiche photocopiable 11 *Guide d'utilisation page 75,* et des enveloppes;
– pour les 2e et 3e séances, des boîtes contenant les pièces découpées de la fiche photocopiable en quantité par groupe de 4 enfants.

Déroulement

• **1re séance** (40 min) – Étape 1, *Ermel pages 157* et *158.*
Avant de commencer l'activité, le maître prépare des enveloppes différentes. Exemples de valeurs utilisables :
– pour 8 F : 5, 2, 1, ou 5, 1, 1, 1, ou 2, 2, 2, 2;
– pour 9 F : 5, 2, 2, ou 5, 2, 1, 1,
ou 2, 2, 2, 2, 1, ou, 2, 2, 2, 1, 1, 1;
– pour 10 F : 5, 5, ou 5, 2, 2, 1,
ou 5, 2, 1, 1, 1, ou 2, 2, 2, 2, 2;
– pour 12 F : 5, 5, 2, ou 5, 5, 1, 1,
ou 5, 2, 2, 1, 1, 1, ou 2, 2, 2, 2, 2, 2.
Le déroulement de l'activité est celui de l'étape 1 d'*Ermel.*
Exemple d'enveloppes pour un groupe : si 2 enfants de ce groupe reçoivent les enveloppes contenant 9 F constitués avec un nombre de pièces différent, le 3e reçoit une enveloppe contenant 10 F et le 4e une enveloppe contenant 12 F ou 8 F. Chaque élève fait l'exercice 1, *Cahier de l'élève page 68.*
Lors de la mise en commun, le maître invite les enfants qui ont la même somme à annoncer comment leur somme est constituée. Il représente ces sommes sur une grande feuille au tableau afin que tous voient la différence entre nombre de pièces et valeur. Il veille à ce que les formulations des enfants soient pré-

cises et correctes. Par exemple « Pour faire 9 F, j'ai 3 pièces : une pièce de 5 F et deux pièces de 2 F ».

• **2e séance** (50 min) – Étapes 2 et 3, *Ermel page 158.*
– Étape 2 : les élèves travaillent l'exercice 2 *Cahier de l'élève page 68.* Le groupe qui a trouvé le plus de réponses a gagné.
Une mise en commun rapide permet d'examiner les solutions produites, de lister celles qui conviennent et celles qui ne conviennent pas en disant pourquoi. Le calcul oral peut suffire.
Exemples :
5 + 2 + 2 + 2 + 2 + 2 (erreur de calcul) ;
5 + 3 + 3 (les pièces de 3 F n'existent pas).
– Étape 3. *Cahier de l'élève page 69 :* exercice 3, les élèves doivent constituer de différentes manières, en s'aidant ou non des pièces à disposition sur les tables, la somme de 15 F avec des pièces de 1 F, 2 F et 5 F.
Les enfants recherchent par groupes de 4 : le groupe qui a le plus de réponses a gagné.
Lors de la mise en commun, le maître écrit les diverses propositions des enfants sur une grande feuille au tableau en indiquant à chaque fois le nombre de pièces utilisées pour obtenir 15 F.

• **3e séance** (40 min) – Évaluations.
Proposer les exercices 4 et 5, *Cahier de l'élève page 70.*
Dans un second temps, proposer l'exercice 6 du *Cahier de l'élève page 71.* Cette évaluation en calcul mental, ainsi que les activités de calcul mental des périodes précédentes, permet au maître de faire un bilan pour chaque enfant sous la forme suivante :
– connaît les doubles simples ;
– sait compter de 2 en 2 ;
– sait compter de 5 en 5 ;
– sait ajouter 1 à un nombre ;
– sait ajouter 2 à un nombre.

Les nombres pour anticiper/calculer

Le jeu de la marchande

Ermel pages 159 et 160

Nombre de séances : 4

Matériel :

– par groupe, un livre de comptes pour le marchand, fiche photocopiable 12, *Guide d'utilisation page 76,* et des images d'objets à vendre, fiche photocopiable 13, *Guide d'utilisation page 77.* Pour les acheteurs, 4 pièces de 5 F pour la 1re séance et 8 pièces de 2 F pour la 2e séance (fiche 11 à photocopier sur des feuilles de couleur ; la disposition des pièces sur la fiche permet un découpage par 4) ;
– pour la classe, des pièces de 1 F, 2 F et 5 F (fiche photocopiable) en grande quantité pour le banquier, une affiche de présentation des objets à acheter (à partir de la fiche photocopiable 13) et une page du livre des comptes des vendeurs, par objet.

Déroulement

• **1re séance** (50 min) – Étape 1, *Ermel page 159.*
Les élèves sont répartis par groupe de 4 : 1 marchand et 3 acheteurs. Le maître est le banquier : il contrôle les échanges et fait la monnaie. Les marchands seront des élèves capables de contrôler que l'argent donné correspond bien au prix de l'objet choisi par l'acheteur.
Les élèves travaillent sur la 1re feuille de jeu, *Cahier de l'élève page 72.* La consigne est la suivante : « Nous allons jouer au marchand. Avec vos pièces, vous pourrez acheter un objet au marchand. Mais, pour cela, il faudra lui donner exactement les pièces qu'il faut pour payer votre objet : ni plus, ni moins. Si vous n'avez pas juste ce qu'il faut pour payer, vous pourrez venir me voir car je suis le banquier et je peux vous échanger ce que vous souhaitez. Vous collerez, sur votre feuille, l'image de l'objet que vous avez acheté et toutes les pièces qu'il vous reste. Le marchand collera les pièces que vous lui donnerez sur son livre de comptes à la page de l'objet acheté. Aucune somme d'argent ne devra être constituée de la même manière ».
Le maître est assis devant sa banque de pièces de 1 F, 2 F et 5 F photocopiées sur feuille blanche. Il veille à ce que les acheteurs formulent correctement leurs échanges : « J'échange une pièce de 5 F contre 5 pièces de 1 F ». Il échange les pièces de couleur que les enfants ont reçu en début de séance contre ses pièces blanches. Ceci lui permet de repérer sur les feuilles de jeu n°1 des acheteurs, comment ceux-ci ont organisé leurs échanges : pièces de couleur non échangées ; pièces blanches résultant d'un échange.
Pour que tous les acheteurs échangent leurs pièces de 5 F, les feutres à 5 F ne seront pas en

vente « aujourd'hui »; ils sont épuisés! En fin de jeu, les acheteurs collent leur achat et les pièces qui leur restent sur le *Cahier de l'élève page 72*. Lors de la mise en commun, chaque marchand va présenter son livre de comptes à la classe. Le maître écrit tous les comptes sur les grandes feuilles (agrandissement des feuilles des livres de compte des marchands).

• **2e séance** (50 min).
Tous les enfants reçoivent 8 pièces de 2 F (photocopiées sur des feuilles de couleur) et sont tous acheteurs. Ils commandent 2 objets (les feutres sont arrivés) et écrivent leur commande sur la feuille de jeu n°2, *Cahier de l'élève page 73*. Ils collent la somme exacte qu'ils doivent payer. Pour cela, ils échangent à la banque leurs pièces de 2 F. Une contrainte les oblige à payer avec le moins de pièces possible. Si leur commande est exacte, le marchand leur donne les images des objets commandés qu'ils collent ainsi que les pièces qu'il leur reste.

• **3e séance** (30 min) – Différenciation.
Les élèves qui ont eu des difficultés lors de la séance précédente travaillent avec le maître en petit groupe pendant que les autres travaillent en autonomie sur les patchworks ou les labynombres.

• **4e séance** (40 min) – Évaluation.
Exercices 1 à 6, *Cahier de l'élève page 74*.
Correction collective au tableau.

Les nombres pour anticiper/calculer

Patchwork (3) : la croix

Ermel pages 177 à 180

Nombre de séances : 1

Déroulement

☞ La calculette n'est pas disponible.

• **Séance** (30 min).
Proposer l'exercice du *Cahier de l'élève page 75*.

Les nombres pour anticiper/calculer

Le labynombre (2)

Ermel pages 181 et 182

Nombre de séances : 1

Déroulement

☞ La calculette n'est pas disponible.

• **Séance** (30 min).
Proposer l'exercice du *Cahier de l'élève page 76*.

Les nombres pour anticiper/calculer

Compter de 2 en 2

Ermel page 209

Nombre de séances : tous les jours (5 à 10 min) pendant la quinzaine 3.

Déroulement

Voir *Ermel page 209*.

Les nombres pour anticiper/calculer

Les compléments à 5, à 10

Ermel page 209

Nombre de séances : tous les jours (5 à 10 min) pendant la quinzaine 3.

Déroulement

Voir *Ermel page 209*.

Les nombres pour anticiper/calculer

Le loto additif

Ermel pages 210 et 211

Nombre de séances : 1 (20 min) pour l'appropriation de la règle, puis reprise de l'activité en rituel pendant la quinzaine 3.

Matériel : le loto additif, *Numéricartes.*

Déroulement

Voir les étapes 1 et 2 d'*Ermel pages 210* et *211*.

Connaître les nombres

Le rouleau des nombres

Ermel pages 279 et 280

Nombre de séances : tous les jours (5 à 10 min) pendant la quinzaine 3.

Déroulement

L'activité, commencée en quinzaine 2, est poursuivie : voir les indications proposées en période 3, quinzaine 2, *Guide d'utilisation page 37*.

Connaître les nombres

Les jeux de portrait (2)

Ermel page 288 à 295

Nombre de séances : tous les jours (5 à 10 min) pendant la quinzaine 3.

Déroulement

Voir les indications proposées dans *Ermel pages 288 à 293.*
À la fin de la quinzaine, proposer les exercices d'évaluation 1 à 10, *Cahier de l'élève pages 77* et *78*.

Connaître les nombres

Le géant du château

Ermel page 285

Nombre de séances : 1

Déroulement

• **Séance** (30 min).
Il s'agit d'une variante du jeu du château. Proposer les exercices 1 à 3, *Cahier de l'élève page 79.*

PÉRIODE 4 - QUINZAINE 1

PLANNING

THÈME	MODULE	ACTIVITÉS	MATÉRIEL	ERMEL	GUIDE	CAHIER ÉLÈVE
PROBLÈMES	**Module 1 :** Prendre et traiter des informations	▲ **Le jeu de la tour**	Poster (valisette) Cubes et bandes de carton	p. 89	p. 44	p. 82
LES NOMBRES POUR ANTICIPER ET POUR CALCULER	**Module 2 :** Écritures additives et soustractives	**Patchwork (4) : les doubles**		p. 177	p. 44	p. 84
		Le labynombre (3)		p. 181	p. 44	p. 85
	Module 3 : Vers le calcul	**Le bon compte**	Fiches photocopiables 14 à 17	p. 216	p. 44	p. 86
CONNAÎTRE LES NOMBRES	**Module 2 :** Approche algorithmique de la suite écrite des nombres	**Le rouleau des nombres**		p. 279	p. 45	
		Les tableaux de 10 en 10	Poster (valisette) et cartes (*Numéricartes*)	p. 285	p. 45	
	Module 3 : Échanges	▲ **Le banquier 5 contre 1**	Fiche photocopiable 18 Planche 5 Dés	p. 308	p. 45	p. 88

Problèmes

Le jeu de la tour

Ermel pages 89 à 92

Nombre de séances : 4

Matériel : pour les 3 premières séances, le poster des tours (valisette), des cubes rouges, verts, jaunes et bleus pour construire la tour choisie, et des bandes de carton.

Déroulement

• **1re séance** (30 min) – 1re phase, *Ermel pages 89 et 90.*
Les enfants sont regroupés autour du poster collectif, affiché au tableau. Le maître choisit une tour (il la construit avec des cubes ou l'écrit sur un papier) que les enfants vont essayer de découvrir en posant des questions. Le maître ne répond que par oui ou par non. Les enfants doivent expliciter pourquoi ils éliminent certaines tours et poser des bandes de carton dessus pour les barrer. Pendant la séance, le maître proposera plusieurs parties.

• **2e séance** (30 min) – 2e phase, *Ermel pages 91 et 92.*
Dans un premier temps, c'est le maître qui choisit une tour, les élèves posent des questions que le maître écrit au tableau ainsi que ses réponses. Puis, c'est un élève qui choisit une tour et la fait découvrir à l'ensemble de la classe. Le maître écrit toujours les questions et les réponses.

• **3e séance** (30 min) – 3e phase, *Ermel page 92.*
Feuille de jeu, *Cahier de l'élève page 82.* Le maître choisit une tour. Les élèves posent des questions que le maître écrit, ainsi que ses réponses. Les élèves éliminent eux-mêmes les tours sur leur cahier, en les barrant. On entoure la tour choisie.
Mise en commun : reprise des questions et des réponses. On éliminera les tours qui ne vont pas, en posant des bandes de carton sur le poster collectif.

• **4e séance** (30 min) – 4e phase, *Ermel page 93.*
Proposer les exercices d'évaluation 1 à 3, *Cahier de l'élève page 83.*

Les nombres pour anticiper/calculer

Patchwork (4) : les doubles

Ermel pages 177 à 180

Nombre de séances : 1

Déroulement

Proposer l'exercice du *Cahier de l'élève page 84.*

Les nombres pour anticiper/calculer

Le labynombre (3)

Ermel pages 181 et 182

Nombre de séances : 1

Déroulement

Proposer l'exercice du *Cahier de l'élève page 85.*

Les nombres pour anticiper/calculer

Le bon compte

Ermel pages 216 et 217

Nombre de séances : 1 (20 min) pour l'appropriation de la règle puis reprise de l'activité en rituel environ 5 minutes par jour pendant la quinzaine 1.

Matériel : les fiches photocopiables 14 à 17 (cartes à usages multiples), *Guide d'utilisation pages 78* à *81.*

Déroulement

Voir *Ermel page 216.*
En fin de quinzaine ou plus tard, proposer les exercices d'évaluation 1 à 7, *Cahier de l'élève pages 86* et *87.*
Pour la dictée de nombres, le maître proposera 20 nombres (nombres de 20 à 50).

Connaître les nombres

Le rouleau des nombres

Ermel pages 279 et 280

Nombre de séances : 1

Matériel : les rouleaux commencés lors de la période 3.

Déroulement

Faire le point avec chaque enfant : « Jusqu'où es-tu allé ? », « Qui est allé le plus loin ? », etc.

Connaître les nombres

Les tableaux de 10 en 10

Ermel page 285

Nombre de séances : 1

Matériel : le quadrillage vierge de 100 cases (valisette), et les cartes de 10 en 10, *Numéri-cartes.*

Déroulement

• **Séance** (40 min) – En collectif.
Construction du tableau.
– D'abord oralement : réciter la comptine numérique de 10 en 10 en montrant les 10 doigts d'un enfant, + les 10 doigts d'un deuxième enfant, etc. ; compter ainsi de 10 en 10 les doigts des enfants de la classe.
– Faire correspondre l'écriture du nombre en construisant collectivement le tableau des nombres de 10 en 10.
– Découverte d'une carte secrète : voir le jeu du château proposé en période 2 quinzaine 3, *Guide d'utilisation page 30.*

Connaître les nombres

Le banquier 5 contre 1

Ermel pages 308 à 315

Nombre de séances : 5

Matériel :
– pour toutes les séances, des dés (1 pour 4 enfants) ; les ronds, les carrés et les rectangles de la planche 5 du *Cahier de l'élève* relevée en début d'année par le maître ;
– en plus, pour la 4e séance, la fiche photocopiable 18, *Guide d'utilisation page 82.*

☞ Pour éviter des interférences entre les règles d'échanges du banquier 5 contre 1 et du banquier 10 contre 1, on utilisera les jetons (ou cubes) de couleur uniquement pour le banquier 10 contre 1 de la période 5, quinzaine 1.

Déroulement

Le matériel utilisé : ronds, carrés, rectangles, permettra au maître de définir la règle d'échanges suivante : « Chaque joueur à son tour lance le dé et gagne autant de ronds que de points marqués sur le dé. Il doit les échanger à la banque avec la règle suivante :
– 5 ronds contre 1 carré ;
– 5 carrés contre 1 rectangle.

• **1re séance (40 min)** – Étape 1, *Ermel page 308.*

• **2e séance** (40 min) – Étape 2, *Ermel pages 308 à 310.*
– Jeu (20 min) en groupes hétérogènes de 4 enfants. L'un d'eux est le banquier et reçoit trois petites boîtes contenant des ronds, des carrés et des rectangles. Les joueurs utilisent la 1re partie de la feuille de jeu 1, *Cahier de l'élève page 88.* Le banquier ne donnera les jetons demandés par le joueur que lorsque celui-ci aura écrit les points de son dé dans les cases représentées sur la feuille de jeu. En fin de partie, les échanges terminés, les joueurs dessinent sous leurs dés, les jetons qu'ils ont gagnés et qui sont sur leur table.
– Comparaison de collections (20 min). Le maître demande « qui a gagné ? » dans chaque groupe.
Une discussion s'engage dans les groupes et une mise en commun leur permet de présenter le résultat de leur discussion et d'argumenter.

• **3e séance** (50 min) – Étape 2, suite.
Avec la 2e partie de la feuille de jeu, *Cahier de l'élève page 88.*
Nouveau jeu en changeant les banquiers pour que tous les élèves puissent jouer, gagner des jetons, faire des échanges et remplir une feuille de jeu. Même déroulement que pour la 2e séance.
En fin de séance, proposer les exercices 1 et 2 du *Cahier de l'élève page 89.* Ils permettront de prendre de l'information pour préparer la séance suivante.

• **4ᵉ séance** (50 min) – Étape 3, *Ermel pages 310 et 311.*
– Nouveau jeu : les groupes sont homogènes. Les enfants repérés en difficulté dans la séance précédente travaillent avec le maître. Les autres élèves travaillent en autonomie et utilisent la feuille de jeu 2 du *Cahier de l'élève page 90.*
Chaque élève est à la fois joueur et son propre banquier. Les boîtes de jetons sont au milieu des tables de 4 enfants. Le jeu se déroule avec la même règle d'échanges.
Pendant ce temps, dans son groupe, le maître prend en charge une partie des tâches de gestion : il est secrétaire, il marque les points des dés sur la fiche photocopiable (une bande par enfant). Il est aussi banquier (il contrôle les échanges). De plus, il incite chaque enfant à verbaliser les actions en jeu : ce qu'il gagne, pourquoi et comment il échange. En fin de partie, ces élèves collent leur bande sur les dés de la feuille de jeu 2, *Cahier de l'élève page 90.*
Ils sont ainsi replacés, au cours de l'activité, devant le même problème à résoudre :
- dessiner les jetons gagnés après échanges dans la case indiquée ;
- chercher combien chacun a gagné de jetons ronds et vérifier s'il a bien joué.
Aucune indication n'est donnée. Le problème peut être résolu à partir des points des dés ou des représentations des jetons obtenus après l'échange.
– Une mise en commun permet de présenter quelques productions.

• **5ᵉ séance** (30 min) – Entraînements individuels, *Ermel page 311.*
Proposer les exercices 3 à 5, *Cahier de l'élève page 91.*

☞ La 2ᵉ phase du jeu du banquier est proposée en période 5.

PÉRIODE 4 - QUINZAINE 2

P L A N N I N G

THÈME	MODULE	ACTIVITÉS	MATÉRIEL	ERMEL	GUIDE	CAHIER ÉLÈVE
PROBLÈMES	**Module 1 :** Prendre et traiter des informations	**Les triangles colorés**	Fiches photocopiables 19 à 21	p. 92	p. 48	
LES NOMBRES POUR ANTICIPER ET POUR CALCULER	**Module 2 :** Écritures additives et soustractives	**Le labynombre (4)**		p. 181	p. 48	p. 92
		Le labynombre (5)		p. 181	p. 48	p. 93
		Consolidation du signe +	Poster (valisette) Pions et dés	p. 187	p. 48	
		Introduction du signe –	Bande numérotée Dés	p. 190	p. 49	
	Module 3 : Vers le calcul	**Compter de 10 en 10**	Poster (valisette)	p. 217	p. 49	
		Le jeu de bataille	Cartes (*Numéricartes*)	p. 220	p. 49	
CONNAÎTRE LES NOMBRES	**Module 2 :** Approche algorithmique de la suite écrite des nombres	**Le jeu de l'avant**	Poster (valisette) et cartes (*Numéricartes*)	p. 285	p. 49	
		Le jeu de la fusée	Poster (valisette) et cartes (*Numéricartes*)	p. 285	p. 49	
	Module 4 : Les groupements par 10	▲ **Les fourmillions**	Bâtons d'esquimaux Élastiques, sacs et boîtes	p. 319	p. 49	p. 95

Problèmes

Les triangles colorés

Ermel pages 92 à 97

Nombre de séances : 3

Matériel :
– pour toutes les séances, la fiche photocopiable 19, *Guide d'utilisation page 83;* une paire de ciseaux; des crayons de couleur rouge, vert, bleu et jaune;
– en plus, pour la 3e séance, les fiches photocopiables 20 et 21, *Guide d'utilisation pages 84* et *85.*

Déroulement

• **1re séance** (40 min).
– 1re phase (10 min), *Ermel page 93.*
Le maître affiche au tableau les 5 grands triangles (agrandissement des triangles de la fiche photocopiable 19) qu'il a coloriés (voir les couleurs dans *Ermel page 93*).
– 2e phase (30 min), *Ermel page 93.*
Donner à chaque enfant la fiche photocopiable 19..
Mise en commun des idées trouvées.

• **2e séance** (40 min) – 3e phase, *Ermel pages 93 à 96.*
Les enfants travaillent par petits groupes pour permettre la discussion.

• **3e séance** (40 min) – 4e phase, *Ermel pages 96* et *97.*
Avec les fiches photocopiables 20 et 21 :
– Jeu des puzzles (20 min);
– Jeu des dominos (20 min).
Ces jeux resteront à la disposition des enfants.

Les nombres pour anticiper/calculer

Le labynombre (4)

Ermel pages 181 et 182

Nombre de séances : 1

Déroulement

Proposer l'exercice *du Cahier de l'élève page 92.* Sur une feuille blanche qui sera agrafée dans le *Cahier de l'élève,* le maître demande à chaque élève d'écrire toutes les manières de faire 10 qu'il a trouvées en traversant le labynombre.

Les nombres pour anticiper/calculer

Le labynombre (5)

Ermel pages 181 et 182

Nombre de séances : 2

Déroulement

• **1re séance** (15 min).
Proposer les exercices 1 et 2, *Cahier de l'élève pages 93 et 94.*

• **2e séance** (30 min).
Exercice 3, *Cahier de l'élève page 94.*

Les nombres pour anticiper/calculer

Consolidation du signe +

Ermel pages 187 à 190

Nombre de séances : 2

Matériel : le poster des déplacements sur la piste (valisette), un pion, un dé, et une ardoise pour chaque élève; le dé utilisé pour la 2e séance est bicolore.

Déroulement

• **1re séance** (20 min) – Sur la piste numérique, *Ermel pages 187 à 189.*
Jeu collectif pendant 10 minutes : la piste est affichée au tableau. On lance le dé, mais avant de déplacer le pion, chacun doit écrire sur son ardoise le nombre écrit dans la case d'arrivée. Les enfants sont invités à expliciter leur méthode de calcul; leur résultat est validé sur la piste du tableau. Faire plusieurs parties.
Dans un second temps, pour empêcher les enfants de compter de loin les cases, on place, à la suite de la case où se trouve le pion, un cache sur plusieurs nombres de la piste. Les enfants écrivent sur leur ardoise le nombre de la case d'arrivée.

• **2e séance** (20 min) – Avec un dé bicolore, *Ermel pages 189 et 190.*
Même déroulement que pour le jeu sur la piste numérique.

☞ L'activité devient ensuite rituelle.

Les nombres pour anticiper/calculer

Introduction du signe –

Ermel pages 190 à 192

Nombre de séances : 1

Matériel : voir *Ermel page 190.*

Déroulement

Voir *Ermel pages 190 à 192.*

Les nombres pour anticiper/calculer

Compter de 10 en 10

Ermel page 217

Nombre de séances : 1 (20 min) pour l'appropriation de la règle, puis reprise de l'activité en rituel environ 5 minutes par jour pendant les quinzaines 2 et 3.

Matériel :
– le tableau des nombres de 0 à 99 (valisette) ;
– une calculette par élève.

Déroulement

Voir *Ermel page 217.*

Les nombres pour anticiper/calculer

Le jeu de bataille

Ermel pages 220 et 221

Nombre de séances : 1 (20 min) pour l'appropriation de la règle, puis reprise de l'activité en rituel environ 5 minutes par jour pendant la quinzaine 2.

Matériel : utiliser les cartons de tirage du loto additif, *Numéricartes.*

Déroulement

Voir *Ermel pages 220 et 221.*

Connaître les nombres

Le jeu de l'avant

Ermel page 285

Nombre de séances : tous les jours (5 min) en alternance avec le jeu de la fusée, pendant la quinzaine 2.

Matériel : le quadrillage vierge (valisette), et les cartes des nombres de 10 en 10, *Numéricartes.*

Déroulement

Voir *Ermel page 285.*

Connaître les nombres

Le jeu de la fusée

Ermel page 285

Nombre de séances : tous les jours (5 min) en alternance avec le jeu de l'avant, pendant la quinzaine 2.

Matériel : le quadrillage vierge (valisette), et les cartes des nombres de 10 en 10, *Numéricartes.*

Déroulement

Voir *Ermel page 285.*

Connaître les nombres

Les fourmillions

Ermel pages 319 à 324

Nombre de séances : 4

Matériel : des bâtons d'esquimaux (ou autre matériel indiqué dans *Ermel page 320*) en grand nombre ; des élastiques, des sacs en plastique (exemple : sacs de congélation) et des boîtes à chaussures.

Déroulement

• **1re séance** (50 à 60 min).
– 1re phase, *Ermel page 321.*
– 2e phase, *Ermel page 322.*

Placer ces 2 phases obligatoirement le même jour : il faut qu'à la fin de la séance, les élèves sachent combien il y avait de bâtonnets (ou autres objets) dans le sac que le maître a apporté. La séance s'achève avec le constat de ce que l'on a sous les yeux : n boîtes de mille, n sacs de cent, n paquets de dix, n bâtons ; on posera sous chaque élément de groupement une étiquette-nombre ; ou bien les différents groupements seront exposés sous les roues d'un compteur collectif, ou encore sous une affiche où l'on fait apparaître les 4 colonnes suivantes :

Boîtes de mille	Sacs de cent	Paquets de dix	Bâtons

Ce tableau servira chaque jour à faire évoluer la collection qui reste exposée dans la classe.

• 2e **séance** (15 min par jour) – 3e phase, *Ermel pages 322* et *323*.

• 3e **séance** (15 min par jour) – 4e phase, *Ermel pages 323* et *324*.
La collection évolue chaque jour puis une fois par semaine. Cette séance permet de présenter le compteur vivant.

• 4e **séance** (10 min par exercice) – Évaluation. En fin de quinzaine, proposer l'exercice 1, *Cahier de l'élève page 95*.

Au cours de la période 5, proposer les exercices 2 à 5, *Cahier de l'élève pages 95* à *97*.

PÉRIODE 4 - QUINZAINE 3

P L A N N I N G

THÈME	MODULE	ACTIVITÉS	MATÉRIEL	ERMEL	GUIDE	CAHIER ÉLÈVE
PROBLÈMES	**Module 1 :** Prendre et traiter des informations	**Faire des nombres avec des chiffres**		p. 98	p. 52	p. 98
LES NOMBRES POUR ANTICIPER ET POUR CALCULER	**Module 1 :** Anticiper, c'est possible!	**▲ La monnaie : les pièces et les billets**	Fiches photocopiables 11 et 22 Enveloppes	p. 156	p. 52	p. 99
		La marchande de jouets	Affiche, enveloppes Fiches photocopiables 11 et 22	p. 161	p. 53	p. 101
	Module 2 : Écritures additives et soustractives	**Le quadrillage bicolore**	Piste de jeu	p. 194	p. 53	p. 102
		Patchwork (5)		p. 177	p. 53	p. 103
		Le labynombre (6)		p. 181	p. 53	p. 104
		Le labynombre (7)		p. 181	p. 53	p. 105
	Module 3 : Vers le calcul	**Compter de 10 en 10**	Poster (valisette)	p. 217	p. 54	
		Le jeu de la Scopa	Cartes, boîte et jetons	p. 221	p. 54	
CONNAÎTRE LES NOMBRES	**Module 2 :** Approche algorithmique de la suite écrite des nombres	**La calculette (1) (Calculettes et numération)**		p. 296	p. 54	p. 106
		Les compteurs individuels	Planche 6	p. 298	p. 54	

Problèmes

Faire des nombres avec des chiffres

Ermel pages 98 et 99

Nombre de séances : 2

Déroulement

- **1re séance** (45 min).

– 1re phase (10 min), *Ermel page 98.*
Les élèves travaillent individuellement l'exercice 1, *Cahier de l'élève page 98.*
– 2e phase (20 min), *Ermel page 98.*
Les élèves travaillent par petits groupes l'exercice 2, *Cahier de l'élève page 98.*
– 3e phase (15 min), *Ermel page 98.*

- **2e séance** (20 min) – 4e phase, *Ermel pages 98 et 99.*

Proposer les exercices 3 et 4, *Cahier de l'élève page 98.*

Les nombres pour anticiper/calculer

La monnaie : les pièces et les billets

Ermel pages 156 à 158

Nombre de séances : 2

Matériel : la fiche photocopiable 22, *Guide d'utilisation page 86*, des enveloppes et les pièces de 1 F, 2 F et 5 F utilisées dans « La monnaie » (période 3, quinzaine 3).

Déroulement

- **1re séance** (45 min).

– Étape 1 (15 min), *Ermel page 157.*
Les groupes sont hétérogènes. Dans chaque groupe, 2 enfants disposent de la même somme réalisée différemment, les autres ont des sommes différentes.
Exemples de contenus des enveloppes pour un groupe (l'enveloppe marquée * serait celle d'un enfant en difficulté ayant ainsi moins de pièces ou de billets à compter) :

*50											=	50
10	10	5	5	5	5	5					=	45
10	5	5	5	5	5	2	2	2	2	2	=	45
10	10	10	5	5	5	5					=	50

*50	2	2									=	54
5	5	5	5	5	5	5	5	5	5		=	50
10	10	5	5	5	2	2	2	2	2		=	45
10	10	10	10	10	2	2					=	54

*50	10	5										=	65
10	10	10	10	10	5	5						=	60
10	10	10	10	5	5	5	5	2	1	1	1	=	65
10	10	10	10	5								=	45

*50	10										=	60
10	10	10	5	5	2	2	2	2	2		=	50
10	10	10	10	5	5	2	2	2	2	2	=	60
10	10	10	5	5	5						=	45

*50	10										=	60
10	5	5	5	5	5	5	5	5	2	2	=	54
10	10	10	10	5	5						=	50
10	10	10	10	5	5	2	2				=	54

*50	10	5									=	65
10	10	10	10	10							=	50
10	10	10	10	10	5	5	2	1	1	1	=	65
10	10	10	10	5	5	5	5				=	60

Les élèves complètent l'exercice 1, *Cahier de l'élève page 99.*
– Étape 2 (30 min), *Ermel page 158.*
Elle suit immédiatement l'étape 1. Travail individuel sur l'exercice 2 *Cahier de l'élève page 99.*
Une mise en commun suivra : elle permettra de présenter à la classe les solutions proposées par les élèves qui ont reçu la même somme d'argent.

- **2e séance** (50 min).

Étape 3 (35 min), *Ermel page 158.*
Les élèves travaillent individuellement l'exercice 3, *Cahier de l'élève page 100.*
Chacun se voit attribué une somme d'argent différente (inférieure à 50 F). Les élèves sont avertis qu'ils peuvent ou non aller chercher le matériel (boîtes de pièces et billets). L'enfant pourra remplir le tableau en dessinant les pièces ou les billets. Chacun indiquera dans la colonne de droite le nombre de pièces ou de billets qu'il a utilisé.
Puis, exercice 4, *Cahier de l'élève page 100.*
Chaque enfant dessine ou écrit ce qu'il lui faut pour avoir 100 F. Il doit chercher au moins 2 solutions. Si les solutions sont exactes, il gagne un billet de 100 F que le maître lui donne et qu'il colle sur sa feuille.

Les nombres pour anticiper/calculer

La marchande de jouets

Ermel pages 161 et 162

Nombre de séances : 2

Matériel : voir *Ermel page 161.*

Déroulement

• 1re **séance** (45 min).
Sur une feuille blanche qui sera agrafée dans le *Cahier de l'élève*, chaque élève écrit ce qu'il veut acheter avec l'argent qu'il a dans son enveloppe (voir *Ermel page 162*).

• 2e **séance** (30 min).
Proposer les exercices 1 et 2, *Cahier de l'élève page 101.*
Ce sont des exercices tirées de l'étape 2 et de l'étape 3 du jeu de la marchande, que nous avions simplifiés en période 3, quinzaine 3.
Les autres exercices de la page 160 d'*Ermel* peuvent être proposés par le maître en entraînement.

Les nombres pour anticiper/calculer

Le quadrillage bicolore

Ermel pages 194 à 196

Nombre de séances : 2

Matériel : voir *Ermel page 194.*

Déroulement

• 1re **séance** (50 min).
– 1re phase (30 min), *Ermel pages 194 et 195.*
– 2e phase (20 min), *Ermel page 195.*

• 2e **séance** (40 min).
– 3e phase (15 min), *Ermel page 195.*
Les messages seront écrits sur une feuille blanche qui sera agrafée dans le *Cahier de l'élève.*
– 4e phase, *Ermel page 196.*
Proposer les exercices 1 à 6, *Cahier de l'élève page 102.*

Les nombres pour anticiper/calculer

Patchwork (5)

Ermel pages 177 à 180

Nombre de séances : 1

Déroulement

Proposer les exercices 1 et 2 du *Cahier de l'élève page 103.*

Les nombres pour anticiper/calculer

Le labynombre (6)

Ermel pages 181 et 182

Nombre de séances : 1

Déroulement

Proposer l'exercice du *Cahier de l'élève page 104.*

Les nombres pour anticiper/calculer

Le labynombre (7)

Ermel pages 181 et 182

Nombre de séances : 1

Déroulement

Proposer l'exercice du *Cahier de l'élève page 105.*
Sur une feuille blanche à agrafer dans le *Cahier de l'élève*, chaque élève écrit ce qu'il a trouvé « qui fait 10 » en traversant le labynombre.

Les nombres pour anticiper/calculer

Compter de 10 en 10

Ermel page 217

Nombre de séances : tous les jours (5 min) pendant la quinzaine 3.

Matériel : le tableau des nombres de 0 à 99 (valisette), et une calculette par élève.

Déroulement

Voir *Ermel page 217.*

Les nombres pour anticiper/calculer

Le jeu de la Scopa

Ermel pages 221 et 222

Nombre de séances : 1 (30 min) pour l'appropriation de la règle, puis reprise de l'activité en rituel environ 5 minutes par jour pendant la quinzaine 3.

Matériel : voir *Ermel page 221.*

Déroulement

Voir *Ermel pages 221 et 222.*

Connaître les nombres

La calculette (1)
(Calculettes et numération)

Ermel pages 296 à 298

Nombre de séances : 2

Matériel : une calculette et une feuille blanche par élève.

Déroulement

• 1re **séance** (30 min).
– 1re phase (10 min), *Ermel pages 296 et 297.*
– 2e phase (10 min), *Ermel page 297.*
– 3e phase (10 min), *Ermel page 297.*

• 2e **séance** (30 min).
– 4e phase, *Ermel page 298.* Évaluation.
Proposer les exercices 1 à 4, *Cahier de l'élève page 106.*
– 5e phase, Prolongements.
Proposer l'exercice 5, *Cahier de l'élève page 106.*
Le maître pourra proposer d'autres exercices, voir *Ermel page 298.*

Les nombres pour anticiper/calculer

Les compteurs individuels

Ermel pages 298 et 299

Nombre de séances :1

Matériel : le compteur individuel, planche 6 du *Cahier de l'élève.*

Déroulement

• **Séance** (40 min) – *Ermel pages 298* et *299.*

PÉRIODE 5 - QUINZAINE 1

P L A N N I N G

THÈME	MODULE	ACTIVITÉS	MATÉRIEL	ERMEL	GUIDE	CAHIER ÉLÈVE
PROBLÈMES	**Module 1 :** Prendre et traiter des informations	**Des problèmes (1)**		p. 99	p. 56	p. 108
LES NOMBRES POUR ANTICIPER ET POUR CALCULER	**Module 1 :** Anticiper, c'est possible!	**La bergerie**	Fiche photocopiable 23	p. 164	p. 56	
		Cache-cache	Fiche photocopiable 23	p. 165	p. 56	
		La partie de billes	Fiche photocopiable 23	p. 165	p. 56	
	Module 2 : Écritures additives et soustractives	**Activités d'entraînement**		p. 197	p. 56	p. 110
	Module 3 : Vers le calcul	**Le jeu d'Escoba**	Cartes	p. 222	p. 56	
		Le jeu des 5 cartes	Cartes (*Numéricartes*)	p. 223	p. 57	
CONNAÎTRE LES NOMBRES	**Module 2 :** Approche algorithmique de la suite écrite des nombres	**Le dictionnaire des nombres**	Cahiers de 12 pages	p. 301	p. 57	
	Module 3 : Échanges	**▲ Le banquier 10 contre 1**	Cubes ou jetons Dés Fiches photocopiables 14, 24 et 25	p. 315	p. 57	p. 111

Problèmes

Des problèmes (1) : situations d'évaluation

Ermel pages 99 et 100

Nombres de séances : 1

Déroulement

• **Séance** (40 min) – *Ermel pages 99 et 100.*
Proposer l'exercice 1, *Cahier de l'élève page 108.*
Pour interpréter la démarche de l'élève, le maître demandera de colorier les nombres à éliminer de la couleur de l'information donnée.
Puis, exercices 2 à 5, *Cahier de l'élève pages 108 et 109.*
Mise en commun pour les exercices 3 à 5.

Les nombres pour anticiper/calculer

La bergerie

Ermel page 164

Nombre de séances : 1

Matériel : la fiche photocopiable 23, *Guide d'utilisation page 87.*

Déroulement

• **Séance** (30 min) – *Ermel page 164.*
L'image de la bergerie (fiche photocopiable) est le support d'une recherche d'énoncé à inventer par un élève ou un groupe d'élèves.

Les nombres pour anticiper/calculer

Cache-cache

Ermel page 165

Nombre de séances : 1

Matériel : la fiche photocopiable 23, *Guide d'utilisation page 87.*

Déroulement

• **Séance** (30 min) – *Ermel page 165.*
Même déroulement que pour « La bergerie ».

Les nombres pour anticiper/calculer

La partie de billes

Ermel page 165

Nombre de séances : 1

Matériel : la fiche photocopiable 23, *Guide d'utilisation page 87.*

Déroulement

• **Séance** (30 min) – *Ermel page 165.*
Même déroulement que pour « La bergerie ».

Les nombres pour anticiper/calculer

Activités d'entraînement

Ermel pages 197 et 198

Nombre de séances : 1

Déroulement

• **Séance** (35 min) – *Ermel pages 197 et 198.*
Proposer les exercices 1 à 3, *Cahier de l'élève page 110.*

Les nombres pour anticiper/calculer

Le jeu d'Escoba

Ermel pages 222 et 223

Nombre de séances : 1 (20 min) pour l'appropriation de la règle, puis reprise de l'activité en rituel environ 5 minutes par jour pendant la quinzaine 1.

Matériel : voir *Ermel page 222.*

Déroulement

• **Séance** – voir *Ermel page 222.*

Les nombres pour anticiper/calculer

Le jeu des 5 cartes

Ermel pages 223 et 224

Nombre de séances : 1 (20 min) pour l'appropriation de la règle, puis reprise de l'activité en rituel environ 5 minutes par jour pendant la quinzaine 1.

Matériel : les jeux des 5 cartes, *Numéricartes*.

Déroulement

• **Séance** – *Ermel page 223*.
On remplacera, dans la règle du jeu d'*Ermel*, les couleurs par les dessins représentés sur les cartes, dans les jeux *Numéricartes*. Ceux-ci comportent 6 séries différentes (6 dessins différents), ce qui permet d'introduire une variante : lorsqu'un joueur tire une carte d'une série non attribuée, il gagne le double des points indiqués sur la carte.

Connaître les nombres

Le dictionnaire des nombres

Ermel pages 301 à 303

Nombre de séances : 1

Matériel : un petit cahier de 12 pages par enfant. Pour le fabriquer, le maître pourra agrafer 12 pages. 10 lignes par page sont nécessaires.

Déroulement

• **Séance** – *Ermel pages 301 à 303*.
La construction se fait pendant cette séance, puis l'élève se servira de son cahier au cours des autres activités.

Connaître les nombres

Le banquier 10 contre 1

Ermel pages 315 et 316

Nombre de séances : 4

Matériel :
– pour la 1re séance, la fiche photocopiable 24, *Guide d'utilisation page 88;* des cubes (ou jetons) rouges, bleus et jaunes et 2 dés pour 4 joueurs;
– pour la 4e séance, les fiches photocopiables 14 et 25, *Guide d'utilisation pages 78* et *89;*
– pour toutes les séances, la calculette est disponible.

Déroulement

☞ Cette activité est la 2e phase du jeu du banquier commencée en période 4, quinzaine 1.

• **1re séance** (50 min) – Étape 1, *Ermel page 315*.
Le maître présente la nouvelle règle de jeu : « Chaque joueur, à son tour, lance les dés et gagne autant de cubes jaunes qu'il y a de points sur les dés. Dès qu'un joueur possède 10 cubes jaunes, il doit les échanger à la banque contre 1 cube rouge. Dès qu'il possède 10 cubes rouges, il doit les échanger contre 1 bleu ». Le maître écrit la règle au tableau comme elle est représentée dans le *Cahier de l'élève page 111*.
La classe est organisée en groupes hétérogènes de 4 enfants : un banquier et trois joueurs. Dans chaque groupe, un joueur reçoit une boîte contenant des cubes (ou des jetons) : c'est sa banque. Pour la 1re partie, le maître choisit comme banquier l'élève le moins performant du groupe. Chaque joueur lance à son tour les 2 dés, écrit ses points obtenus sur la feuille de jeu 1, *Cahier de l'élève page 111*, et demande au banquier les cubes qu'il gagne. On joue 6 fois. Les derniers échanges terminés, les joueurs dessinent en bas de leur feuille de jeu les cubes obtenus. Une deuxième partie est organisée, où on change les banquiers pour leur permettre d'être à leur tour des joueurs et de remplir une feuille de jeu. Les élèves qui ont déjà rempli une feuille de jeu travaillent sur la fiche photocopiable.

• **2e séance** (50 min).
– Recherche individuelle sur une des feuilles de jeu de la 1re séance. Les enfants qui ont 2 feuilles de jeu ne travailleront que sur l'une d'elles (la plus intéressante en fonction des nombres et des compétences du joueur). Le maître demande : « Avez-vous bien joué? Vérifier les échanges! ».
Les enfants sont amenés à représenter les cubes qu'ils ont gagnés à chaque coup, à côté de leurs points. Ils essaient une écriture d'échanges : par exemple, certains entourent 10 cubes

jaunes et leur font correspondre un cube rouge. D'autres dessinent, à côté des points des dés, la valeur en cubes de ces points; par exemple, pour un gain de 12 points, 1 cube rouge et 2 cubes jaunes. Ils vérifient ainsi leurs points et leurs échanges. Puis, chacun additionne, avec ou sans calculette, ses points gagnés à chaque coup et compare ce total à la valeur des jetons obtenus après échanges.
– Mise en commun à partir de l'observation des feuilles de jeu (15 min).
Le maître pose des questions du type : « Aurélien a obtenu 12 avec les dés; quels cubes demande-t-il? », ce qui lui permet de repérer les enfants qui demandent 12 jetons jaunes et d'autres, 1 rouge et 2 jaunes, et de mettre ainsi en équivalence les deux collections : « parce que 12, c'est 10 et 2, et que 10 cubes jaunes valent 1 cube rouge ». Le maître demande ensuite : « Qui a bien joué? ». Il fera comparer le total des points des dés avec la valeur de la collection de cubes.

• **3e séance** (30 min) – Évaluation.
Exercices 1 à 5, *Cahier de l'élève pages 112* et *113*.

• **4e séance (50 min)** – Étape 2, *Ermel page 315*.
Les dés sont remplacés par les cartes-nombres (fiche photocopiable 14) de 10 à 20 : prévoir chaque carte en double exemplaire. Les élèves utilisent la feuille de jeu 2, *Cahier de l'élève page 114*. Toute la classe joue en groupes de 4, sans banquier. Chacun à son tour tire une carte et gagne les cubes correspondants. La partie se joue en 6 tours. À la fin de la partie, les joueurs calculent la somme des points gagnés et représentent leur avoir, ce qui permet une vérification du bon déroulement du jeu.
Les enfants en difficulté dans cette situation, regroupés autour du maître, jouent avec la même feuille, les mêmes cartes et la même règle que les autres. Le maître est le banquier : il peut ainsi veiller à la bonne formulation des échanges, par exemple « J'échange 10 jaunes contre 1 rouge ». Pour faciliter la compréhension des échanges successifs et éviter les erreurs de dénombrement, le maître propose à chaque joueur une feuille analogue à une abaque (fiche photocopiable 25) : concernant son utilisation, voir *Ermel page 316*.
Une mise en commun permet de souligner, à partir d'une feuille de jeu, les équivalences entre les collections différentes (20 cubes jaunes, c'est comme 2 cubes rouges), ainsi que la relation entre l'écriture chiffrée et le nombre de jetons de différentes couleurs (« J'ai gagné 48 points, j'ai sur ma table 4 cubes rouges et 8 cubes jaunes »).
En fin de séance, proposer l'exercice 6 du *Cahier de l'élève page 115*.

PÉRIODE 5 - QUINZAINE 2

P L A N N I N G

THÈME	MODULE	ACTIVITÉS	MATÉRIEL	ERMEL	GUIDE	CAHIER ÉLÈVE
PROBLÈMES	**Module 2 :** Faire et contrôler des essais	▲ **Les partages à égaliser**	Jetons ou autres objets	p. 107	p. 60	
LES NOMBRES POUR ANTICIPER ET POUR CALCULER	**Module 1 :** Anticiper, c'est possible !	**Des problèmes (2)** **Les tigres**		p. 166 p. 166	p. 60 p. 60	p. 116 p. 117
	Module 2 : Écritures additives et soustractives	**L'autocar**		p. 198	p. 60	
	Module 3 : Vers le calcul	**Le nombre-cible des dizaines**	Cartes (*Numéricartes*)	p. 224	p. 60	p. 118
CONNAÎTRE LES NOMBRES	**Module 2 :** Approche algorithmique de la suite écrite des nombres	**Le compteur vivant**		p. 323	p. 61	
	Module 4 : Les groupements par 10	▲ **Les carrelages**	Fiches photocopiables 26 à 30	p. 325	p. 61	

Problèmes

Les partages à égaliser

Ermel page 107

Nombre de séances : 1

Matériel : des jetons (ou des capsules de bouteilles, ou tout autre petit matériel).

Déroulement

• **Séance** (50 min) – 1re phase, *Ermel page 107*.
Dans chaque groupe de 4 enfants (ou 3, exemple groupe 7), le maître distribue des jetons à chacun.
Exemple de répartition :

	enfant A	enfant B	enfant C	enfant D	Boîte
groupe 1	9	10	8	5	16
groupe 2	7	11	4	9	9
groupe 3	12	8	5	13	10
groupe 4	13	3	12	7	9
groupe 5	11	14	6	9	12
groupe 6	7	2	18	15	14
groupe 7	10	8	13		5

Le maître pose, au milieu de la table, une boîte contenant également des jetons.
Les partages terminés, une mise en commun permet à chaque groupe de présenter sa procédure de résolution. Voir les stratégies susceptibles d'apparaître, *Ermel page 107*.

☞ La 2e phase de cette activité est proposée en période 5, quinzaine 3.

Les nombres pour anticiper/calculer

Des problèmes (2) (Reprise de la situation des fleurs)

Ermel page 166

Nombre de séances : 1

Déroulement

• **Séance** (50 min) – *Ermel page 166*.
Exercices 1 et 2, *Cahier de l'élève page 116* : les enfants recherchent individuellement. Puis, mise en commun des procédures utilisées.

Les nombres pour anticiper/calculer

Les tigres

Ermel page 166

Nombre de séances : 1

Déroulement

• **Séance** (50 min) – *Ermel page 166*.
Exercice du *Cahier de l'élève page 117* : recherche individuelle. Puis, mise en commun des procédures.

Les nombres pour anticiper/calculer

L'autocar

Ermel pages 198 à 201

Nombre de séances : 1

Matériel : une feuille blanche pour chaque élève.

Déroulement

• **Séance** (50 min) – *Ermel pages 198 à 200*.
La situation sera reprise au cours de la quinzaine 3.

Les nombres pour anticiper/calculer

Le nombre-cible des dizaines

Ermel pages 224 à 227

Nombre de séances : 4

Matériel : le jeu du nombre-cible des dizaines, *Numéricartes ;* les calculettes et les compteurs individuels sont disponibles.

Déroulement

• **1re séance** (50 min) – 1re phase, *Ermel page 225*.
Étapes 1 et 2 d'*Ermel*.

• **2e séance** (50 min).
Chaque groupe de 4 enfants dispose d'un jeu de cartes *Numéricartes.*
Les groupes sont hétérogènes. La règle du jeu est la même que pour la 1re séance. Le maître indique, pour chaque partie, le nombre de la cible. Il l'écrit au tableau et demande aux élèves de compléter la case-cible de la feuille de jeu, *Cahier de l'élève page 118.* À chaque tour, chacun tire une carte et la dessine sur sa feuille.
En fin de partie, une rapide mise en commun permet aux élèves d'exprimer ce qui s'est passé dans leur groupe, s'ils ont gagné ou perdu.
La feuille de jeu permet de faire 3 parties. Les cibles peuvent être : 50 pour le 1er jeu, 80 pour le 2e et 110 pour le 3e.

• **3e séance** (20 min) – Évaluation.
Proposer les exercices 1 et 2, *Cahier de l'élève page 119.*

• **4e séance** (35 min) – 2e phase, *Ermel page 227.*
Proposer les exercices 3 et 4, *Cahier de l'élève page 120.* Les élèves qui ont réussi l'évaluation travaillent en autonomie. Les autres sont regroupés autour du maître.
Une mise en commun permet aux élèves du 1er groupe de s'exprimer sur leur travail autonome.

Connaître les nombres

Le compteur vivant

Ermel pages 323 et 324

Nombre de séances : 1

Déroulement

• **Séance** – *Ermel pages 323 et 324.*
La situation « Les fourmillions » continue d'évoluer : suite du compteur vivant, commencé en période 4, quinzaine 2.
L'évaluation relative aux fourmillions *(Cahier de l'élève pages 95* à *97)* peut être commencée ou poursuivie pendant cette quinzaine.

Connaître les nombres

Les carrelages

Ermel pages 325 à 330

Nombre de séances : 4

Matériel : les fiches photocopiables 26 à 30, *Guide d'utilisation pages 90* à *94.*
Les fiches de rectangles (fiches 28 à 30) seront photocopiées sur du papier de couleur, les fiches de carreaux (fiches 26 et 27) sur du papier blanc, ce qui permettra de mieux visualiser les cases non recouvertes durant la validation.

Déroulement

• **1re séance** (30 min) – 1re phase, Étape 1, *Ermel pages 326 à 327.*
Proposer plusieurs parties en changeant les rectangles de groupe, ce qui permet de faire travailler les élèves avec des nombres différents.

• **2e séance** (30 min) – 1re phase, Étape 2, *Ermel pages 327 à 328.*
Comme pour l'étape 1, proposer plusieurs parties.

• **3e séance** (45 min) – 2e phase, *Ermel pages 328 et 329.*

• **4e séance** (40 min) – 3e phase, *Ermel page 329.*

☞ La 4e phase sera proposée en quinzaine 3.

PÉRIODE 5 - QUINZAINE 3

P L A N N I N G

THÈME	MODULE	ACTIVITÉS	MATÉRIEL	ERMEL	GUIDE	CAHIER ÉLÈVE
PROBLÈMES	**Module 2 :** Faire et contrôler des essais	**Les partages à égaliser**		p. 108	p. 63	p. 121
LES NOMBRES POUR ANTICIPER ET POUR CALCULER	**Module 1 :** Anticiper, c'est possible!	**Les achats**		p. 166	p. 63	
		Le train	Boîtes et cubes	p. 167	p. 63	
		La classe		p. 167	p. 63	
		L'autocar		p. 198	p. 63	
	Module 2 : Écritures additives et soustractives	**La calculette (2)**		p. 201	p. 64	p. 123
		Des problèmes (3) : problèmes additifs et soustractifs		p. 202	p. 64	p. 124
	Module 3 : Vers le calcul	**Les carrelages (1) : vers l'algorithme de l'addition**		p. 228	p. 64	p. 126
		Les abaques	Fiche photocopiable 25 Cubes et jetons	p. 232	p. 64	
CONNAÎTRE LES NOMBRES	**Module 4 :** Les groupement par 10	**La spirale des nombres**	Fiche photocopiable 31 Jetons et cartes	p. 332	p. 64	
		Les carrelages (2)		p. 335	p. 64	p. 127

Problèmes

Les partages à égaliser

Ermel pages 108 à 111

Nombre de séances : 2

Déroulement

☞ Il s'agit de la 2e phase de l'activité proposée en période 5, quinzaine 2.

• **1re séance** (50 min) – 2e phase, *Ermel pages 108 à 111.*
Tous les élèves reportent les nombres sur lesquels ils doivent travailler : exercice 1, *Cahier de l'élève page 121.*

Exemple de nombres à attribuer.
– 2 groupes de 4 enfants ont à gérer la situation suivante :
gobelets, 14, 11, 15, 12 et boîte, 56.
– 2 groupes de 4 enfants ont à gérer la situation suivante :
gobelets, 10, 16, 13, 15 et boîte, 42.
– 1 ou 2 groupes de 3 enfants ont à gérer la situation suivante :
gobelets, 11, 12, 14 et boîte, 38.
– 1 ou 2 groupes de 3 enfants ayant des difficultés ont à gérer la situation suivante :
gobelets, 8, 7, 9 et boîte, 39.
Pour la synthèse collective, voir *Ermel page 110.*

• **2e séance** (30 min) – 3e phase, *Ermel page 111.*
Exercice 2, *Cahier de l'élève page 122.*

Les nombres pour anticiper/calculer

Les achats

Ermel pages 166 à 167

Nombre de séances : 1

Matériel : une ardoise par élève.

Déroulement

• **Séance** (20 min) – *Ermel pages 166 et 167.*
Les nombres sont laissés à la liberté du maître.
– Recherche individuelle sur ardoise.
– Mise en commun des stratégies de résolution utilisées.

☞ Cette situation pourra être reprise au cours de cette même quinzaine.

Les nombres pour anticiper/calculer

Le train

Ermel page 167

Nombre de séances : 1

Matériel : si nécessaire, boîtes et cubes.

Déroulement

• **Séance** (25 min) – *Ermel page 167.*
Le maître peut écrire l'énoncé ou seulement les nombres au tableau.

Les nombres pour anticiper/calculer

La classe

Ermel page 167

Nombre de séances : 1

Matériel : une ardoise par élève.

Déroulement

• **Séance** (20 min) – *Ermel page 167.*
Le maître peut écrire l'énoncé ou seulement les nombres au tableau.

Les nombres pour anticiper/calculer

L'autocar

Ermel pages 198 à 201

Nombre de séances : 1

Déroulement :

• **Séance** (50 min) – *Ermel pages 198 à 201.*
Reprise de l'activité commencée en période 5, quinzaine 2 : voir *Guide d'utilisation page 60.*

Les nombres pour anticiper/calculer

La calculette (2)

Ermel page 201

Nombre de séances : 1

Matériel : une calculette par élève.

Déroulement

• **Séance** (25 min) – *Ermel page 201.*
Proposer l'exercice du *Cahier de l'élève page 123.*

Les nombres pour anticiper/calculer

Des problèmes (3)

Ermel pages 202 et 203

Nombre de séances : 2

Déroulement

• **1re séance** (50 min) – *Ermel page 202.*
Proposer les exercices 1 et 2, *Cahier de l'élève page 124.*

• **2e séance** (30 min) – *Ermel pages 202 et 203.*
Proposer les exercices 3 à 6, *Cahier de l'élève page 125.*

Les nombres pour anticiper/calculer

Les carrelages (1)

Ermel pages 228 à 232

Nombre de séances : 3

Matériel : les pièces à carreler utilisées en quinzaine 2 ; les bons de commande à fabriquer *(Ermel page 229).*

Déroulement

• **1re séance** (45 min) – 1re phase, *Ermel pages 229 et 230.*
Jeu avec le matériel puis exercice 1, *Cahier de l'élève page 126.*

• **2e séance** (30 min) – 2e phase, *Ermel pages 230 et 231.*

• **3e séance** (15 min) – 3e phase, *Ermel pages 231 et 232.*
Évaluation : exercice 2, *Cahier de l'élève page 126.*

Les nombres pour anticiper/calculer

Les abaques (Calcul de sommes à l'aide d'abaque)

Ermel pages 232 à 233

Nombre de séances : tous les jours (5 min) pendant la quinzaine 3.

Matériel : la fiche photocopiable 25, *Guide d'utilisation page 89;* des cubes ou des jetons.

Déroulement

• **Séance (20 min)** – *Ermel pages 232 et 233.*

Connaître les nombres

La spirale des nombres

Ermel pages 332 et 333

Nombre de séances : 1

Matériel : la fiche photocopiable 31 à agrandir, *Guide d'utilisation page 95;* des jetons et des cartes (voir *Ermel*) ou 1 dé bicolore pour indiquer le sens du déplacement.

Déroulement

• **Séance** (35 min) – *Ermel pages 332 et 333.*

Connaître les nombres

Les carrelages (2)

Ermel page 335

Nombre de séances : 1 ou 2

Déroulement

• **Séance** (40 min) – *Ermel page 335.*
Exercices 1 à 11, *Cahier de l'élève pages 127* et *128.*

Fiche 1

Observations individuelles *(Repérage des compétences)*

Nom : Date :
Prénom :

Consignes	Réponses
Comptine *Jusqu'à combien sais-tu compter?* *Vas-y, je t'écoute* (Si rien, amorcer avec 1, 2,... ☐ *Peux-tu recommencer?*	☐ Noter les relances
Dénombrement ☐ *Peux-tu me dire combien il y a de cubes?*	☐ Noter l'adéquation et la réponse de l'enfant

	Déplace les cubes		*Compte*				Autre
	un à un	*par groupes*	*à haute voix*	*avec les lèvres*	*avec les doigts*	*avec les yeux*	(à préciser)
Avec relance							
Sans relance							

Alors, il y en a combien?	☐

Lecture de nombres

Est-ce que tu reconnais?

☐ .... ☐ .... ☐ .... ☐ .... ☐ .... ☐ ....

☐ .... ☐ .... ☐ .... ☐ .... ☐ .... ☐ .... ☐ .... ☐ ....

☐ .... ☐ .... ☐ .... ☐ .... ☐ .... ☐ .... ☐ .... ☐ ....

Fiche 2

Les footballeurs *(Les nombres pour mémoriser)*

Fiche 3

Les déplacements sur la piste *(Les nombres pour anticiper et pour calculer)*

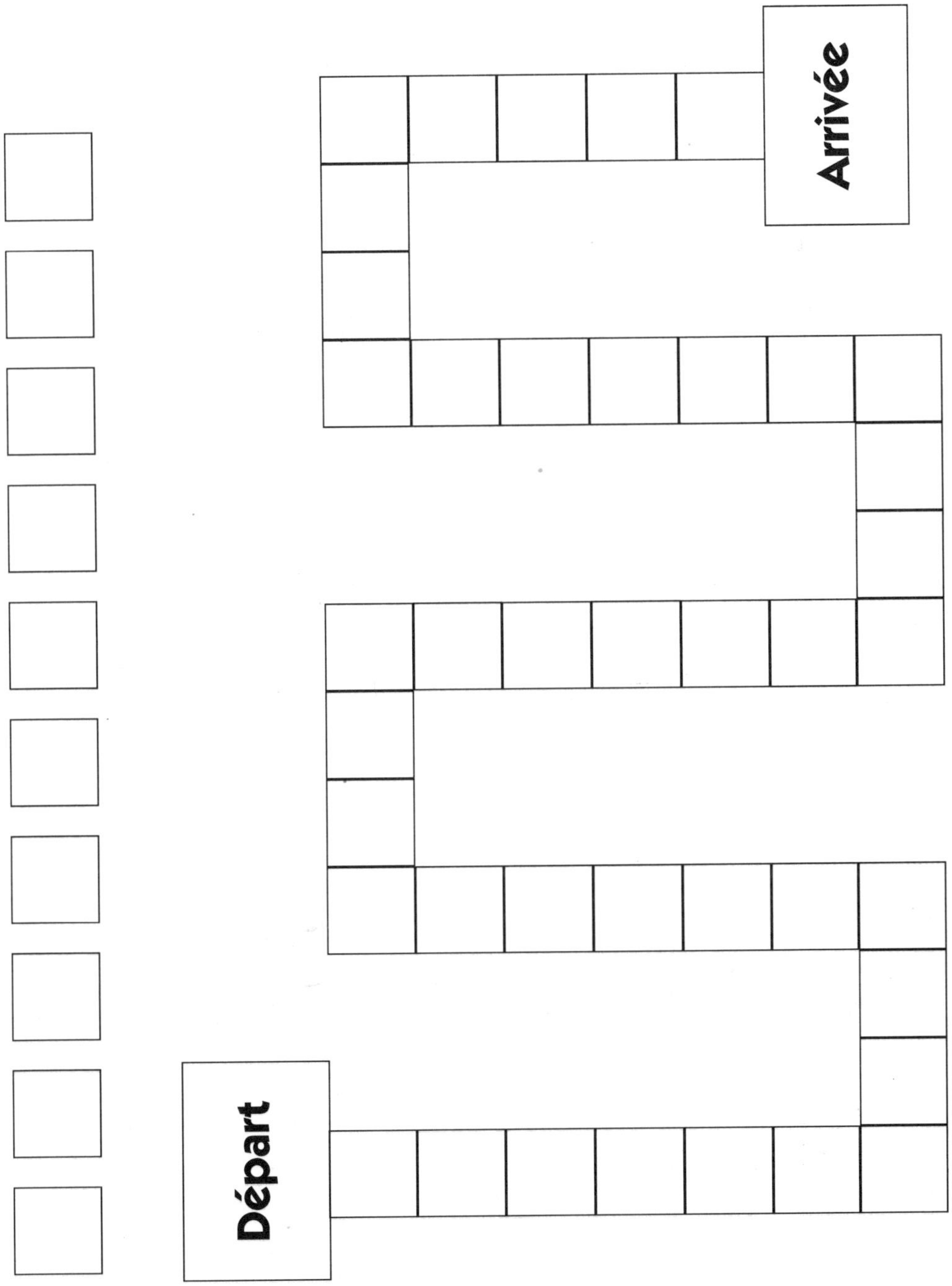

Fiche 4

Les pistes coloriées *(Les nombres pour anticiper et pour calculer)*

1	2	3	4	5	6	7	8	9	10	11	12	13	14	15	16	17	18	19	20	21	22	23	24	25	26	27	

10	11	12	13	14	15	16	17	18	19	20	21	22	23	24	25	26	27	28	29	30							

5	6	7	8	9	10	11	12	13	14	15	16	17	18	19	20	21	22	23	24	25	26	27	28	29	30		

7	8	9	10	11	12	13	14	15	16	17	18	19	20	21	22	23	24	25	26	27	28	29	30	31	32	33	

15	16	17	18	19	20	21	22	23	24	25	26	27	28	29	30	31	32	33	34	35	36	37	38	39	40	41	

Fiche 5

Construction de la bande numérique *(Connaître les nombres)*

1	2	3	4	5	6	7	8	9	10	11	12	13
19	20	21	22	23	24	25	26	27	28	29	30	31
8	9	10	11	12	13	14	15	16	17	18	19	20
30	31	32	33	34	35	36	37	38	39	40	41	42
53	54	55	56	57	58	59	60	61	62	63	64	65
43	44	45	46	47	48	49	50	51	52	53	54	55
89	90	91	92	93	94	95	96	97	98	99	100	101
76	77	78	79	80	81	82	83	84	85	86	87	88
66	67	68	69	70	71	72	73	74	75	76	77	78

Fiche 6

L'habit du clown *(Les nombres pour anticiper et pour calculer)*

Fiche 7

Les marelles *(Les nombres pour anticiper et pour calculer)*

équipe 1	équipe 2	équipe 3	équipe 4	équipe 5	équipe 6

Fiche 8

Une nuit au château *(Connaître les nombres)*

Nous avons décidé d'aller dormir une nuit au château et nous avons choisi chacun notre chambre.

Voilà les numéros des clés. Retrouve les portes des chambres et écris les nombres à la bonne place.

0	1	2	3	4	5	6	7	8	9
10									
20									
30									
40									
50									
60									
70									
80									
90									

Fiche 9

Casse-tête au château *(Connaître les nombres)*

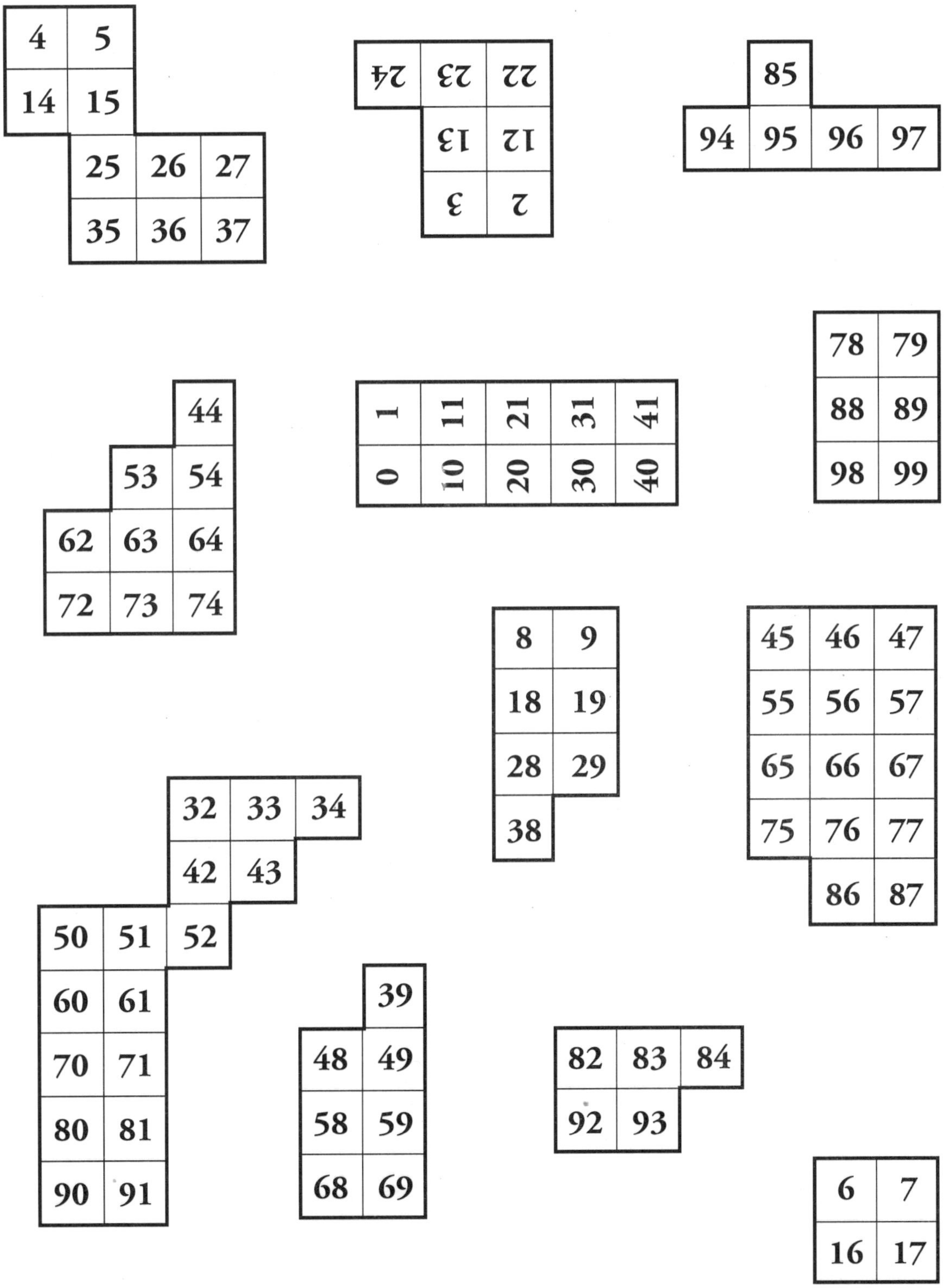

Fiche 10

Les tours *(Problèmes)*

Fiche 11

La monnaie : les pièces de 1 F, 2 F, et 5 F

(Les nombres pour anticiper et pour calculer)

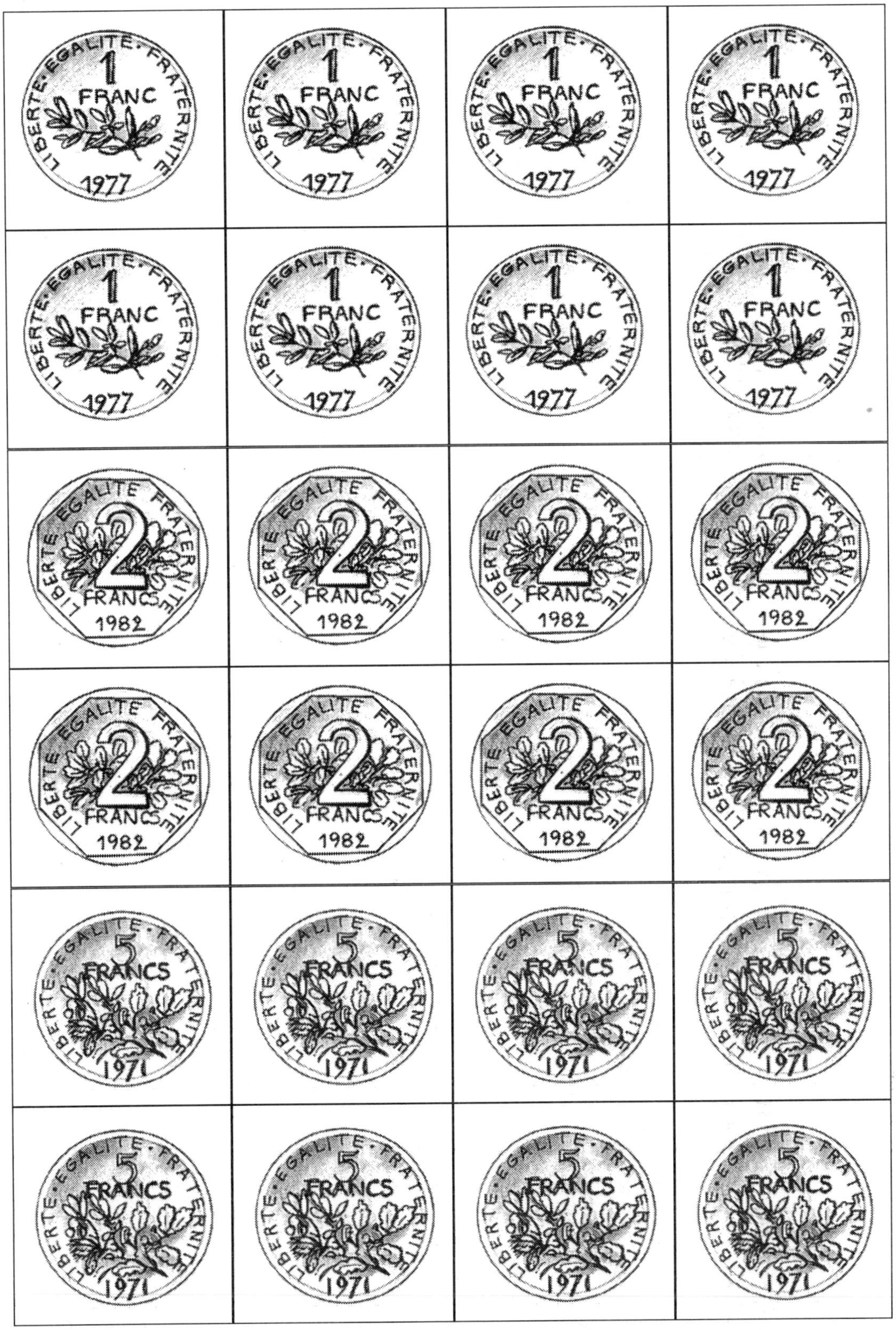

Fiche 12

Le jeu de la marchande *(Les nombres pour anticiper et pour calculer)*

Exemple de page du livre des comptes des marchands en fin de jeu

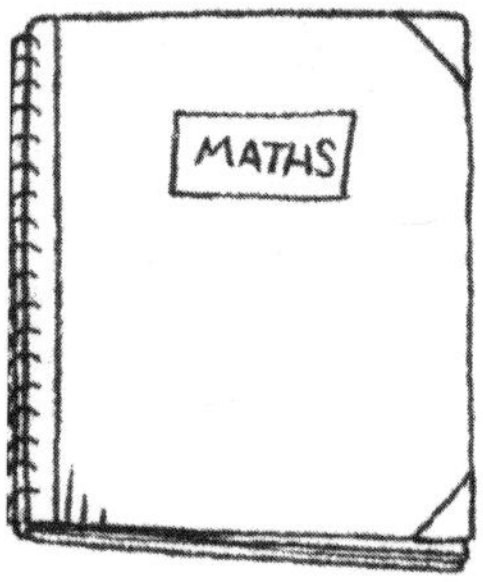		2 pièces
		3 pièces
		5 pièces

Modèle pour fabriquer les livres des comptes des marchands (1 feuille par objet, soit 4 feuilles par livre)

Fiche 13

Le jeu de la marchande *(Les nombres pour anticiper et pour calculer)*

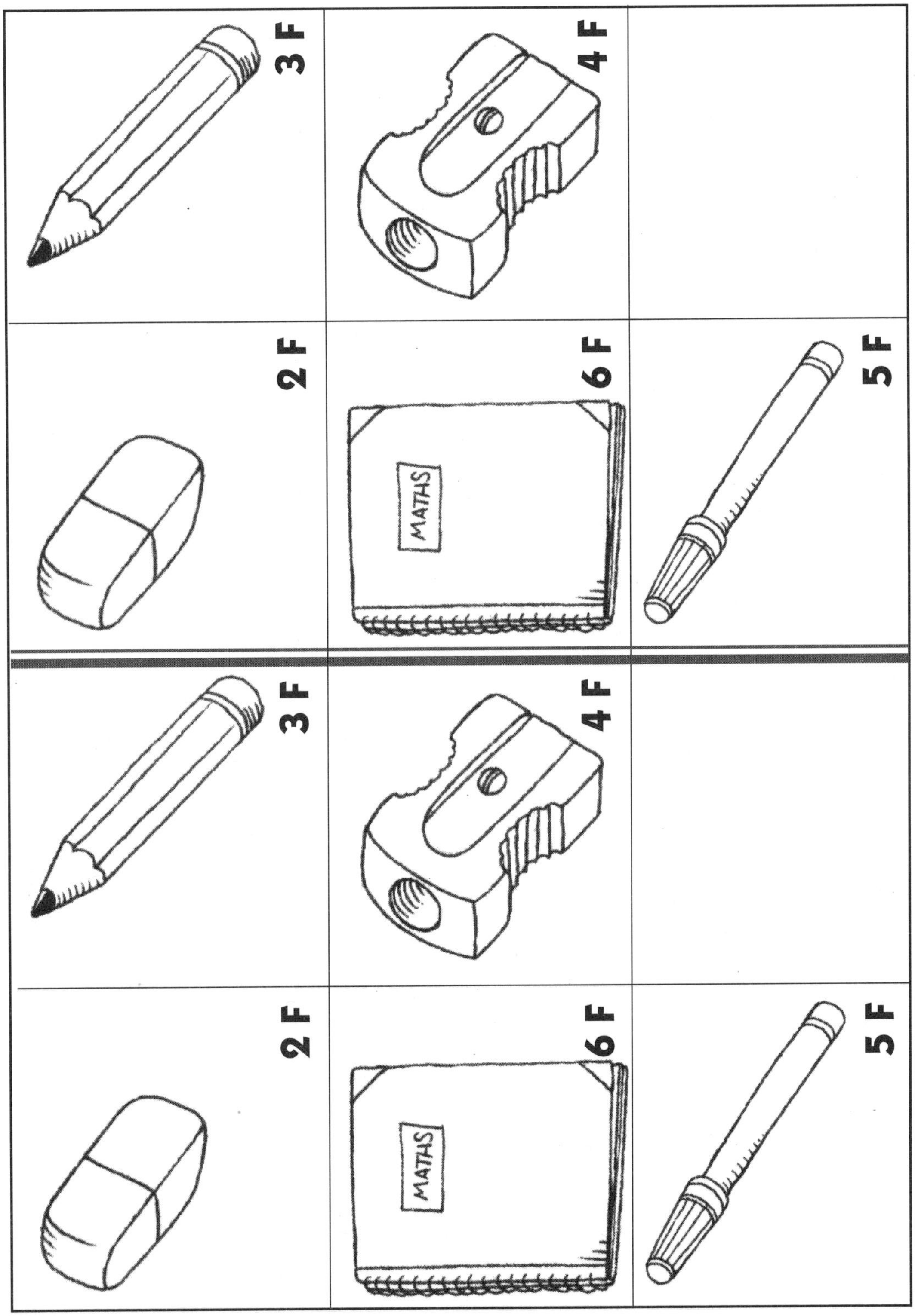

Fiche 14

Le bon compte *(Les nombres pour anticiper et pour calculer)*

1	2	3	4	5	6
7	8	9	10	11	12
13	14	15	16	17	18
19	20	21	22	23	24
25	26	27	28	29	30

Le bon compte *(Les nombres pour anticiper et pour calculer)*

31	32	33	34	35	36
37	38	39	40	41	42
43	44	45	46	47	48
49	50	51	52	53	54
55	56	57	58	59	60

Fiche 16

Le bon compte *(Les nombres pour anticiper et pour calculer)*

61 61	62 62	63 63	64 64	65 65	66 66
67 67	68 68	69 69	70 70	71 71	72 72
73 73	74 74	75 75	76 76	77 77	78 78
79 79	80 80	81 81	82 82	83 83	84 84
85 85	86 86	87 87	88 88	89 89	90 90

Le bon compte *(Les nombres pour anticiper et pour calculer)*

91	92	93	94	95
96	97	98	99	100
101	102	103	104	105
106	107	108	109	110
111	112	113	114	115

Fiche 18

Le banquier 5 contre 1 *(Connaître les nombres)*

Fiche 19

Les triangles colorés *(Problèmes)*

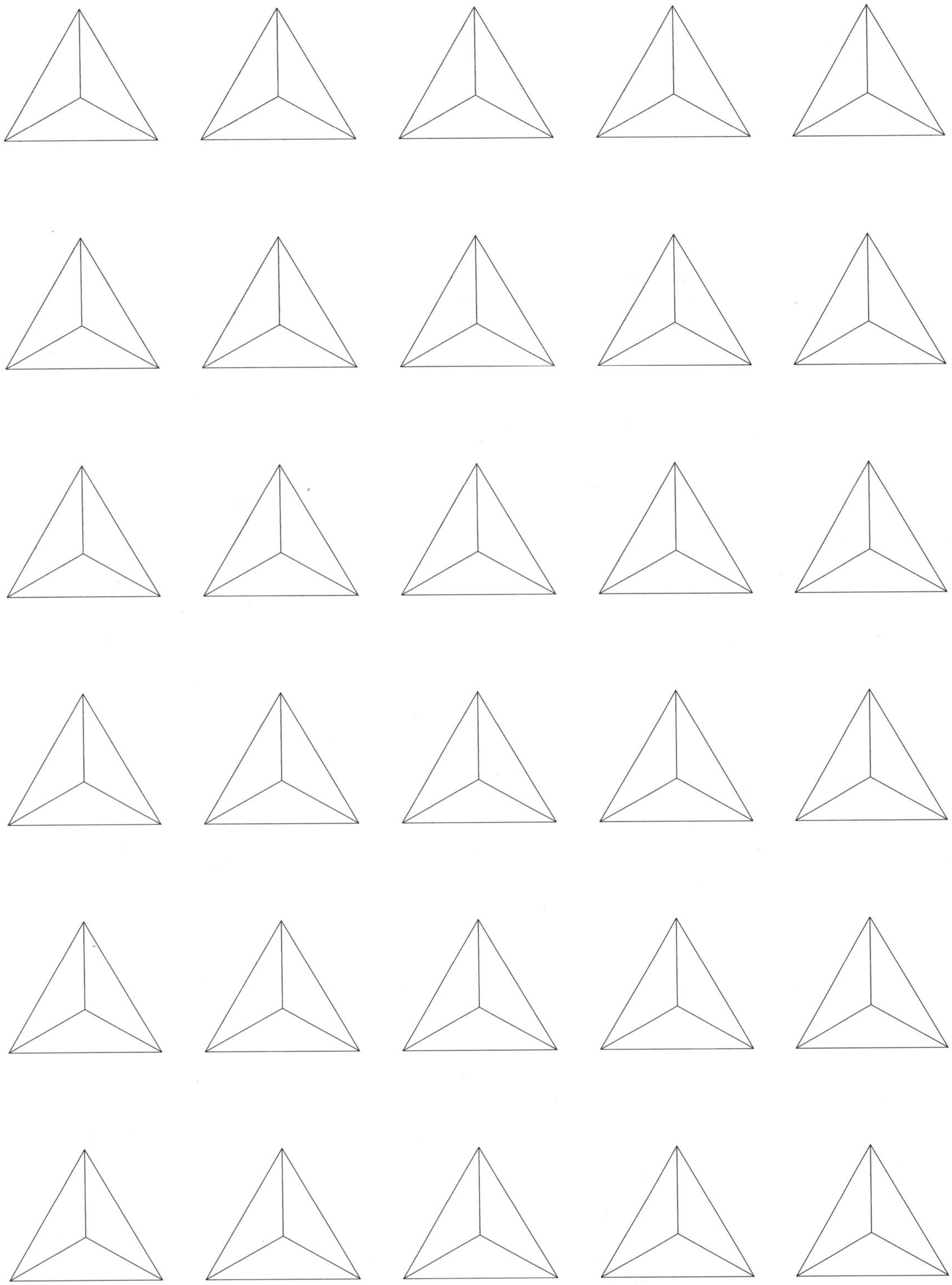

Fiche 20

Les triangles colorés *(Problèmes)*

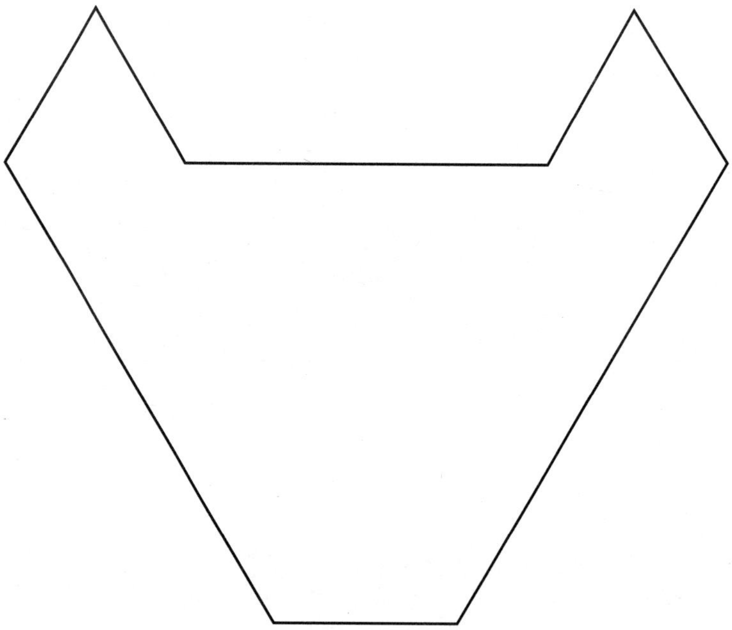

Fiche 21

Les triangles colorés *(Problèmes)*

Fiche 22

La monnaie : les pièces et les billets *(Les nombres pour anticiper et pour calculer)*

Fiche 23

Les problèmes dessinés *(Les nombres pour anticiper et pour calculer)*

La bergerie

Cache-cache

La partie de billes

Fiche 24

Le banquier 10 contre 1 *(Connaître les nombres)*

Écris tes points

Total

Dessine les jetons que tu as sur ta table en fin de jeu.

Fiche 25

Les abaques *(Connaître les nombres)*

Fiche 26

Les carrelages *(Connaître les nombres)*

Fiche 27

Les carrelages *(Connaître les nombres)*

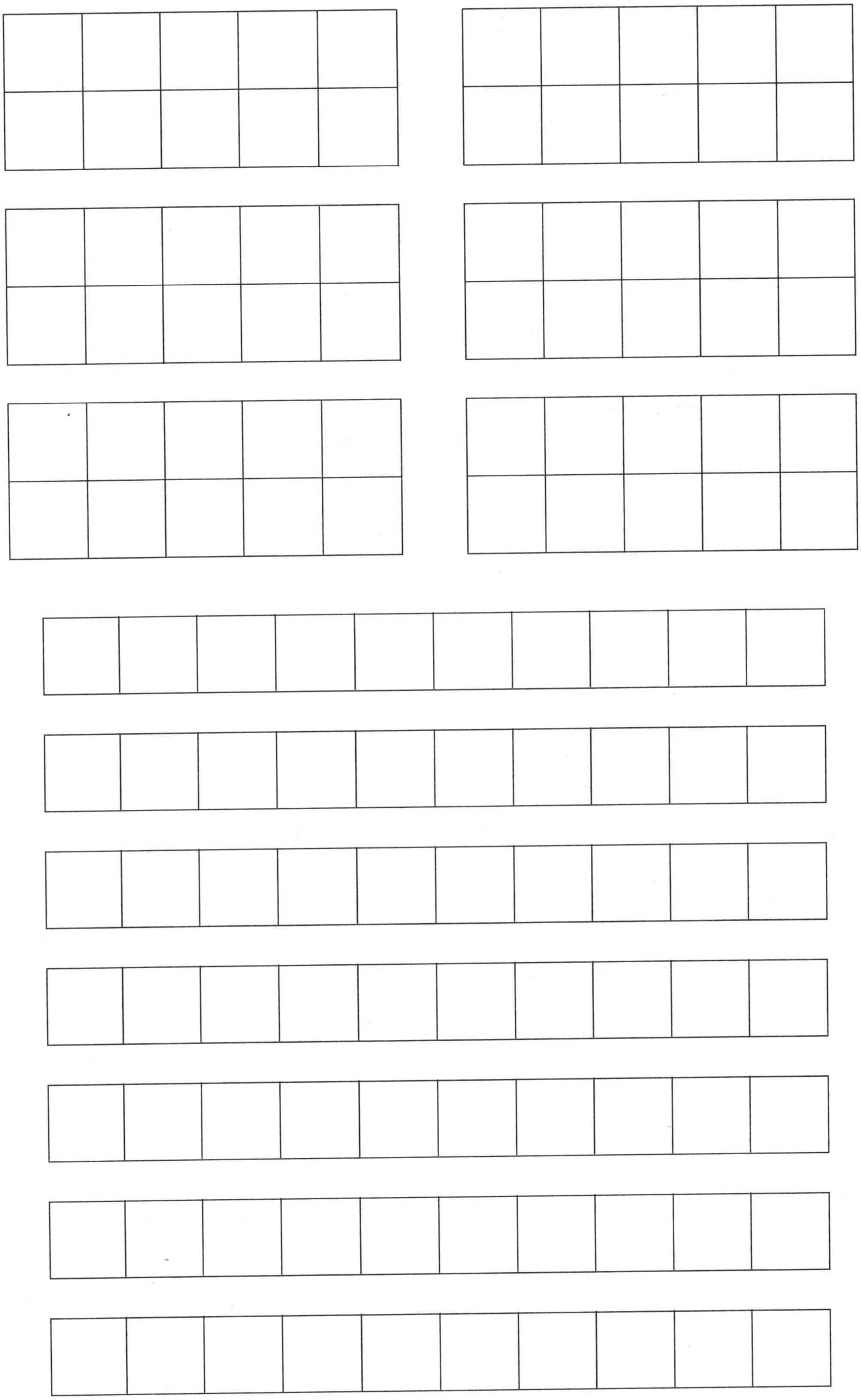

Fiche 28

Les carrelages *(Connaître les nombres)*

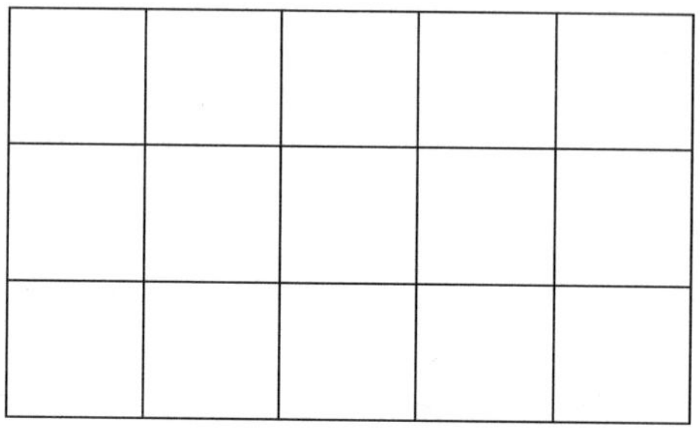

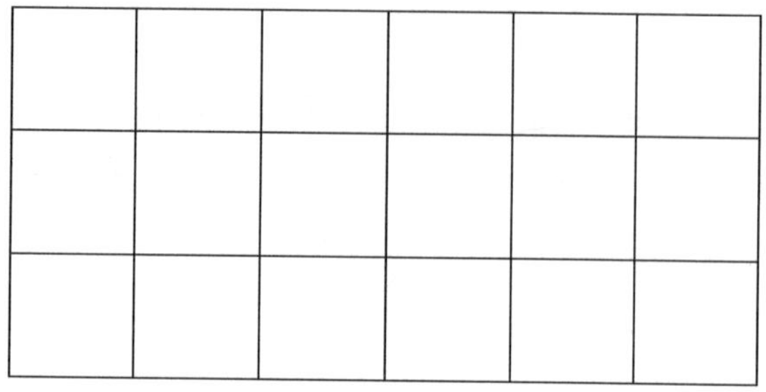

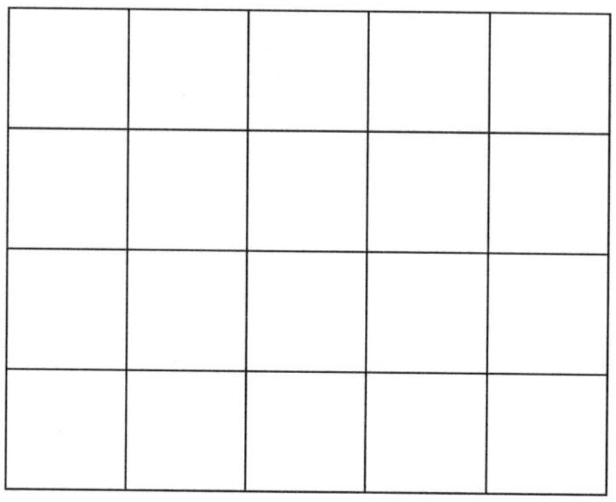

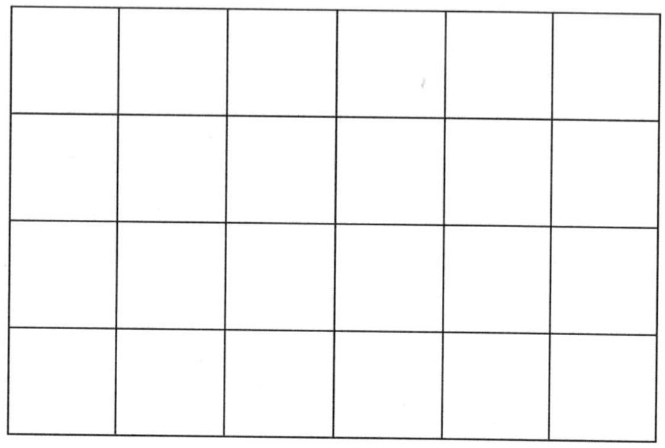

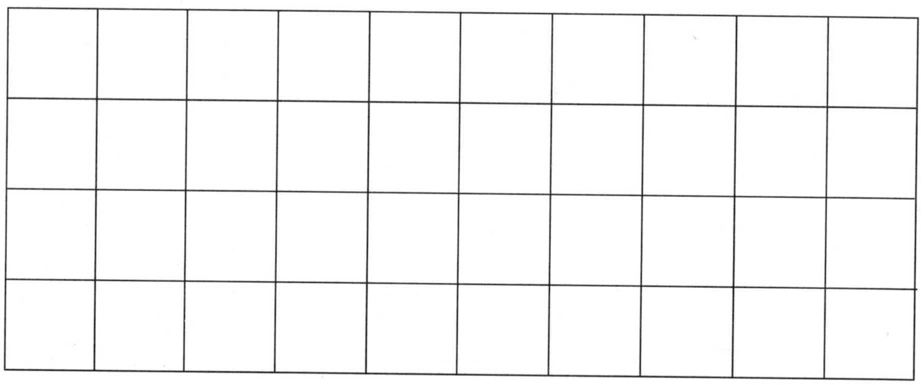

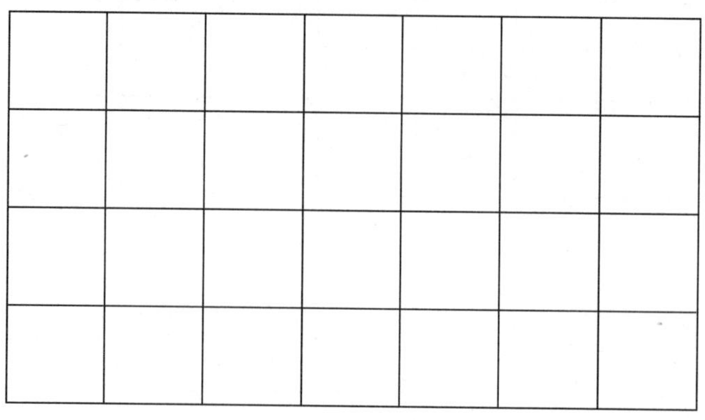

Fiche 29

Les carrelages *(Connaître les nombres)*

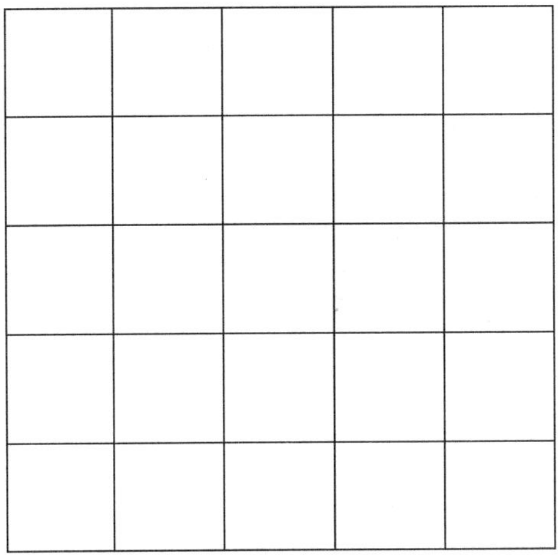

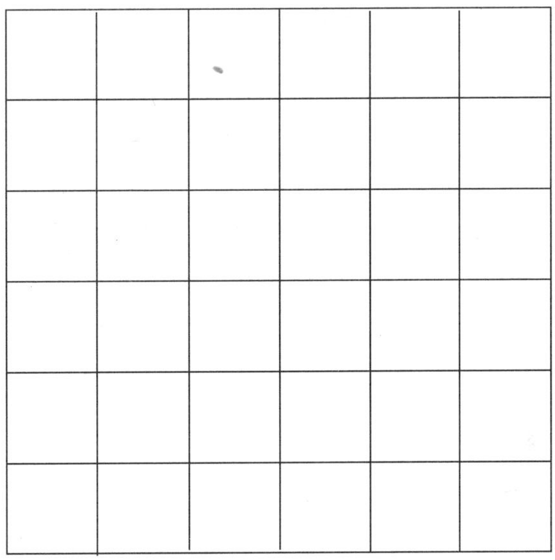

Fiche 30

Les carrelages *(Connaître les nombres)*

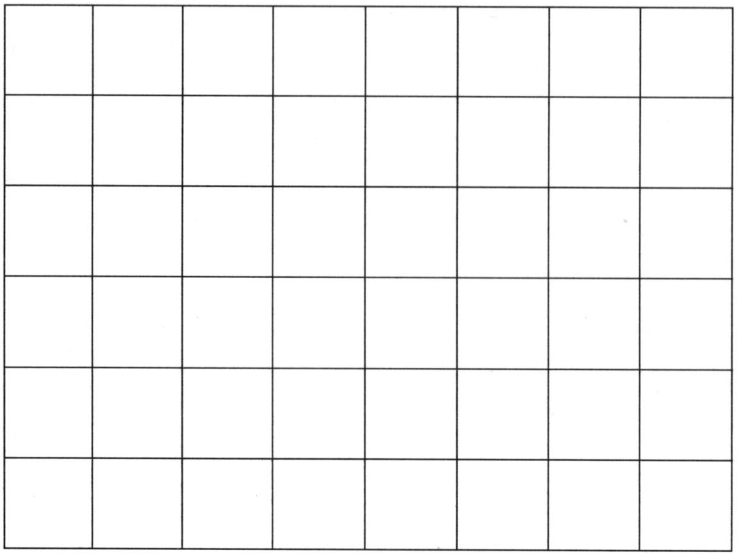

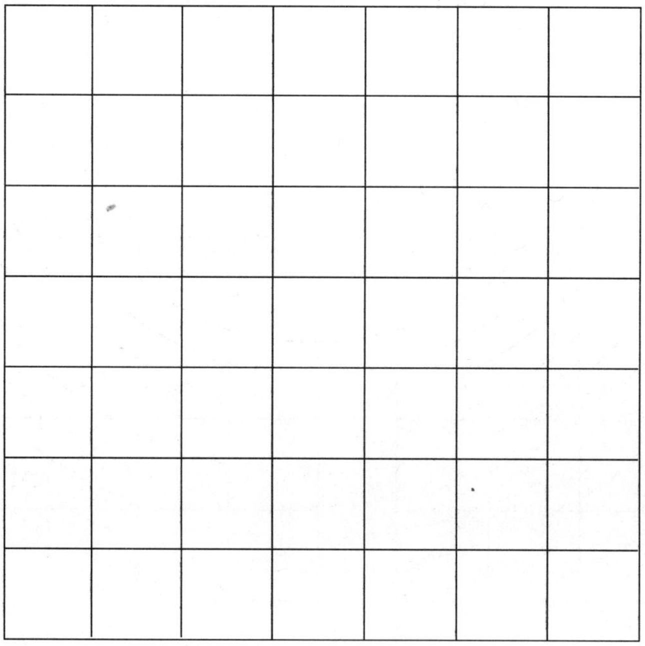

Fiche 31

La spirale des nombres *(Connaître les nombres)*

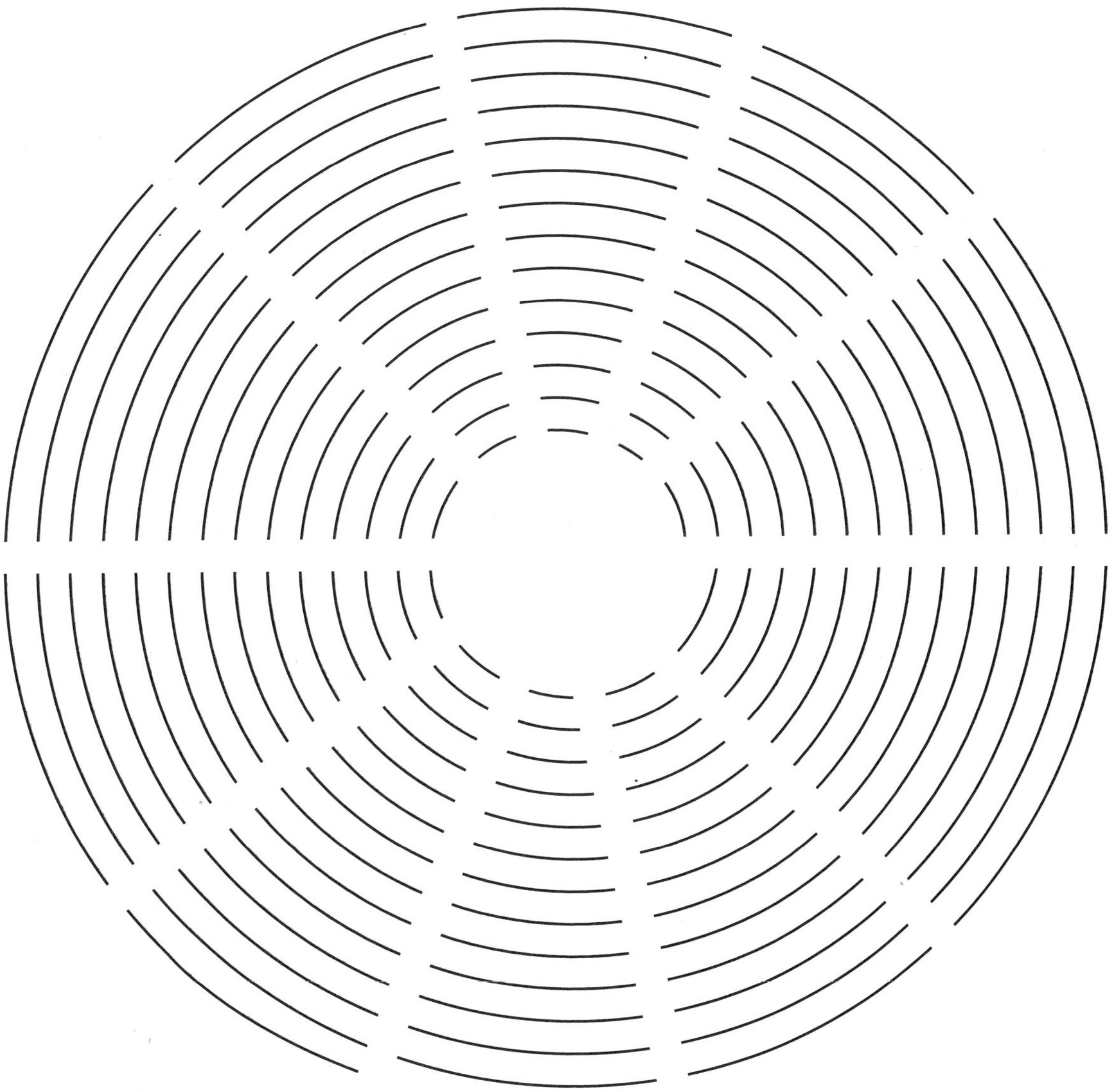

Imprimé en France par Pollina, 85400 Luçon - n° 79401
Dépôt légal n° 17940 - Janvier 2000